大展好書 好書大展

大展好書 好書大展

社會人智囊

1

糾紛談判術

清水增三 著

廖玉山 譯

大展出版社有限公司

代序

●為什麼東方人不擅長談判？

一般認為東方人是不擅於談判的民族。

雖然理由不一而足，但是其中最主要的關鍵，則在於東方人所具有的「以和為貴」的傳統思想。

正因為這種思想太過於根深蒂固，所以一旦受到歐美「Yes」「No」的二選一式的逼問，或受到「恫喝式的談判」時，就很容易發生摩擦或誤解。

談判學在歐美自古即被確立為一門學問，而且列入大學教育的課程之中。然而，在我國至今卻仍未將其建立體系使之成為學問。

大多數人對於談判，尤其是糾紛的談判，都有強烈的排斥感，或顯示出抗拒的反應。

所謂「禍從口出」、「婦人總是因為多嘴惹禍」、「口虎破身、舌劍斷命」，自古以來在先聖先賢的諄諄教誨之下，我們的潛意識中謹言慎行被認為是至上的美德，並非一朝一夕就改變得了的。

可是，只要我們環視周遭以全球的觀點來審視問題，就不難發現所謂的「沉默是金」在世界上不但窒礙難行，反而是招致誤解的元兇。例如，各國與美國的貿易摩擦及美國對自由化問題。

事實上糾紛談判亦是如此。在寡默死沉的氣氛下進行談判的情景，應該早成歷史遺物了。

多數人之所以無法突破這種僵局，追根究柢是在於喜歡陶醉於「灰色體質」的意識。

正因爲喜歡「灰色」的緣故，因此使糾紛與抱怨的區分曖昧，而使得談判變得極其錯綜複雜。

我個人深深以爲，遇到糾紛時卻希望將結果灰色化的想法，正是造成談判失敗的原因。

本來，糾紛談判的結果不是「Yes」就是「No」。然而在糾紛談判中，被要求談判者原則上應該貫徹「No」的立場。

●糾紛談判沒有「公式」

一談到談判總會令人聯想到必定是什麼詭異艱難的事，因此一般人都會想盡辦法脫身。譬如找任何理由說糾紛談判是「恐怖的事」、「不喜歡」、「没經驗」、「不習慣」。

理由不一而足。然而綜觀其內容即不難發現大半都是心理的因素。另外，則是因爲没有經驗或經驗不足，而不知如何應付的人。

於是在面對糾紛的處理時，就以自己不諳此道無法應對，而覺得最好另聘專家出面。其實這更是大錯特錯。大家應該銘記，糾紛的談判處理並没有所謂的專家。

我所謂的糾紛談判没有專家，換言之，毋寧說是只要有相當的心理建設則無論是誰，都可成爲通達此道的高手。本書即將披露這個秘訣。

社會上有所謂的找碴老千專門覬覦別人的弱點，從而想趁機榨取金錢或獲得權利，甚至因此而故意惹起糾紛。因此一般人常在無意識中成爲被要挾的對象，其結果甚至會没完没了。所以在心理上總是難免讓人有所顧忌或變得膽怯。其實，專家與外行人的差別只在於談判時是否能保持主動的心理，或只是一味被動地受制於人。

筆者從二十多歲時就負責公司的總務，經常被迫周旋於勞資之間和各種問題的談判，既没有人指點迷津也没有人可請教學習，每次都是硬著頭皮上戰場。在没有上司和同僚的援助下，我也覺得「恐懼」、想要「臨陣脫逃」，但是隨著經驗的累積，我終於了解因恐懼而退縮是不對的。相反的，正因爲恐懼，所以爲了要保護自己和公司，自己必須要更積極地進行談判。於是透過實際的體驗，我體會到處理糾紛談判時應有各種心理、原則、技巧以及忌諱等。

這次將我個人在上班族時代及其後自創公司以來，所經歷的衆多實戰經驗的心得匯集成書，希望在糾紛的談判上能夠提供大家一點建議。

談判，尤其是糾紛的談判是活生生的事情，嚴格說來它並沒有什麼公式可尋。它和數學截然不同，即使您並沒有完全學會本書的所有要點，但是您還是有得到滿分的機會。

要諦是，您只要記住大原則，至於其中的細節、技巧，只要活用自己最感不足的部分就足夠了。

再提醒各位一句話，——即使處於「被追究責任」的立場，您也可以成爲「應付談判的專家」。

本書若能成爲負責糾紛談判者的指南，並對企業危機管理系統的構築有所助益則幸甚！

目錄

第二章　糾紛談判的心理學

第三章　糾紛談判的技巧

第六章　企業的危機管理與糾紛談判

第一章　糾紛談判的原則

糾紛是抱怨的扭曲現象

發生糾紛的人大致上可分爲二類。一是企圖從糾紛中獲取利益的人，亦即所謂的找碴老千，或長年在談判的世界中打滾、經驗豐富見多識廣的人——在此以半專家相稱。另一是向來與這片世界無緣的一般人，亦即所謂的外行人。

半專家只是具有高明的談判手腕，擅於處理糾紛而已。基本上他並沒有陷害對方的心理。只是單純地提出確實受到傷害，而要求相對的對應（賠償）。這一點與外行人的訴求是相同的。

要判斷對方到底是專門找碴的人或只是一般人，必須依當場的狀況而定，不能一概而論。不過，觀察對方是否一開始就懷有惡意，則是一個判斷的基準。

由那些專門找碴的老千所挑起的糾紛，通常一開始就設有圈套。外行人對他們的攻擊並不會覺得唐突而不知小心應付。往往一沉不住氣應對不得體，對方就趁機鬧大事情，或故意拿出一些雞毛蒜皮的小事大肆挑剔。

不過，有些本來只要誠心誠意道歉就可解決的糾紛（抱怨）事件，有時卻會因爲應對不好而使問題變得不可收拾。

在此，讓我們來比教一下「糾紛」和「抱怨」的不同。

所謂抱怨是指在我們的責任範圍內，所發生的與法律並無抵觸的問題，但是，卻被要求在當時或最近的將來做出適當的處理。這也可以說是一種不滿意。相對的，糾紛則是不問責任的歸屬，而在將來有發展成法律問題的可能，必須馬上做最適切的處理。

然而在實際問題中這是很難明確區分的。我個人認爲「多半的糾紛都是抱怨牢騷的扭曲現象」。

要區別糾紛事件或抱怨事件大致有下列五點準則：

①對方是否急著要求改善問題或其緊急性爲何？

②是否要求公司（團體）的幹部出面？

③己方應負責任（過失程度）的輕重？

④除了要求「道歉」外，對方是否有其它要求？

⑤在談判過程中對方是否有恫喝、恐嚇、威脅等違反刑事法律的問題？

然而不管如何，要衷心銘記的是，應對的言詞必須合宜。一句不適當的言語，可能會造成單純的抱怨變成糾紛。

處理對方的抱怨必須誠心誠意

前面所提區別糾紛或抱怨的五原則中，第三點是「己方應負責任（過失程度）的輕重」。如果百分之百的過失都在己方，則對方的行爲基本上都屬於抱怨的範疇。此外，己方的過失比率越少，對方的行爲就越接近故意找碴的領域。

雖然這個說法很難做學問性的定義，不過其理由卻很簡單。例如，對於己方完全沒有責任的事，對方卻來大吵特吵，很明顯的是，對方故意要引起糾紛。

但是，即使己方有百分之百的過失，對方卻提出超乎「法外」的要求，或做出「無法」的行爲，這也可算是一種糾紛。

前面所提的第④、⑤兩項的情形多半是互爲因果的。換言之，因爲要求道歉以外的東西，老千們常會使出恫喝、恐嚇、威脅的手法。雖然有的問題只發展到④的階段就結束，但是⑤的產生一定是因爲有④的情形。如果沒有任何要求則不會有所謂的糾紛。

請各位想想下列的事例。假設您光臨一家咖啡店，服務生不小心打翻杯子裡的水而弄濕了您的衣服。令一件事是您到某機關洽事，結果只爲了要見一下負責人卻等了老半天。

遇到這種情況您會怎麼辦？或許有人會當場大動肝火。可是即使如此，大概也只是發一點牢騷，或挖苦對方幾句而已，絕不至於說要對方「賠償」或「拿錢來賠罪」吧！那麼這就只是抱怨。處理抱怨問題最要緊的是，一定要誠心誠意。及時地道歉讓對方消氣才是上策。如果不對之以誠心誠意，恐怕會把單純的抱怨搞成糾紛事件。

前面說過「糾紛是抱怨牢騷的扭曲現象」，不過其扭曲的情形也有二種。一是對方故意的鬧彆扭，一是由於己方對應不當而引發對方的不滿。

「除了道歉以外的要求」幾乎都是金品（以金錢爲主），此外也有要求權利、特別待遇（例如，隨時享有特別待遇）、禁止行使己方的正當權利等。特別待遇的要求常出現於知識階級者的談判要求中。

所謂禁止別人行使正當權利，例如：「你家的鋼琴聲太吵人了，今後不管什麼時候絕不可彈鋼琴！」如果要求的人是說：「鋼琴聲很吵人，請不要在晚上彈鋼琴。」這僅是一種抱怨。但是說「不管什麼時候絕不可」，則是糾紛。並非說詞上有問題，而是有人認爲在白天——除非有例外——鋼琴的所有者擁有彈鋼琴的權利，在適度的情況下，鄰居有忍受的義務。

道歉以外的要求中，以金錢的要求最常見也最難處理。在糾紛的談判中，對方越吹毛求疵，其所要求的金額也會有相對增加的傾向。

抱怨是糾紛的癌化狀態

因爲不願付出損失，而讓抱怨演變成糾紛的例子屢見不鮮。不過，這種現象通常多發生在個人經營的商店。

我也遇過這樣的情形。拿到洗衣店送洗的襯衫送回來時，卻發現其上沾有以前沒有的污漬。

於是我對洗衣店的老闆說：「這次給你洗的襯衫有污漬哦！」我說的很客氣，甚至連「怎麼搞的！衣服被你們越洗越髒」之類表示抗議的話一句也沒說。本來襯衫一旦沾上了污漬就穿不出去，註定要報銷了，是非常倒霉的。不過，還好並不是很昂貴，而且一開始我也沒有要對方賠償的打算。

然而洗衣店的老闆聽我這麼一說，或許以爲我是有意找碴，很兇地回答我說：「污漬嗎？你又怎知那一定是我們錯呢？」對方的回答令人火冒三丈。因爲這家洗衣店我已光顧了好幾年，也知道一件襯衫的洗衣費並沒有多少，但凡是我家要洗滌的衣物哪怕是西裝或大衣都送來這裡，每個月要付出一筆相當可觀的洗衣費。明白地說，我家簡直是這洗衣店的大主顧。

於是我再向那老闆說：「襯衫上的污漬也不是我弄的呀！如果我早知道有污漬的話當初送洗時我一定說的，這樣你們或許會把它洗乾淨。你們送回來的襯衫現在還原封未動，連包在外面的塑膠袋也還沒拆開呀！」

老闆又很不愉快地說：「這一定是你弄錯了！我們這裡絕不會做出這麼不負責任的事，所以這位先生，你最好不要隨便栽贓，我們再怎麼也不會退錢或賠償的。」

遇到這種情形，人畢竟是感情的動物。

於是我也不願再多談了，只淡淡地說：「既然如此那就算了，不過我在這裡尚未結帳的洗衣費請在明天之前來結帳。」聽我這麼一說，洗衣店老闆似乎才想起我是老主顧的樣子，要我等一下，說了一大堆抱歉的話，但是我已經沒興趣再聽他說什麼了。

在這件事中還好我沒有鬧彆扭，要是眞鬧起彆扭、挑剔的話，就會演變成百分之百的糾紛事件。這就是由於對抱怨的處理不當，鑄成糾紛事件的典型案例。

在醫學上把即將變成癌症的狀態稱爲「癌化狀態」，照這種說法則抱怨可說是糾紛的癌化狀態。因此，最重要的是當事件還只在抱怨的階段時，就應該迅速解決。

糾紛的談判是先攻必勝

處理糾紛時最重要的是，採取主動。前面說過，本書的論述是在已發生的糾紛中，以被要求解決事情者的立場所應採行的行動模式爲主。可是，雖然處於被動的立場，但是行動和心情卻不可被動。

運動競賽上有一句話說：「攻擊就是最大的防禦」。糾紛的談判也是一樣，攻擊才是最大的防禦，防禦即意味著再攻擊。這一點必須銘記在心。

想要實現這個原則，最重要的是保持積極的心態，並且積極地行動。沒有經驗的人要他出面處理糾紛，往往會有想推拖逃避的心態。因爲在他們的潛意識裡早就隱藏著糾紛「害怕」、「陰鬱」、「爲什麼非我去不可」的心理。

有糾紛時會爭先恐後地要站出來面對談判——而且是以將被追究責任的立場——的人，少之又少的。或許說在目前的社會中根本沒有這種人，也不爲過。即使長年接觸這種工作的我，偶爾也覺得能推辭的話還是儘量推掉的好。

一旦有了「害怕」、「陰鬱」的心情，人在無意識中都會想要迴避這種事，而爲自己找出許多理由，例如「沒有經驗」、「沒有成功的希望」、「心情不好不想插手」等，理由一大堆，不過卻都只是爲了掩飾「眞正理由」的障眼，說穿了其實就是「不喜歡這種事」。

用這種消極的心態是無法解決糾紛的。要解決糾紛，一開始就要消除畏縮的心態，如果無法完全做到，也要用意志力或對工作的責任感來壓抑它。

說來說去都是心態的問題，其實這裡面隱喻著，如果我方貫徹先攻必勝的主義「對方必會感到困惑」。大體上說來，糾紛談判中處於攻擊立場的人，都是擅於攻擊而不擅於防禦。

千萬不要一開始就想以金錢解決

筆者一貫地認爲，在進行糾紛談判時，事先就打算以金錢解決是錯誤的觀念。理由非常簡單，因爲，若一開始即想以金錢解決，對方的要求可能會得寸進尺。

本來一萬元可以解決的事情卻要花費十萬元、百萬元，乃至更高的數目，這種例子屢見不鮮。本來不必花費分文，結果卻要動用千萬的巨額，才能平撫事情的例子也有。總而言之，人對金錢的需求彷彿是個無底洞，永無止境。

當然，有些時候是必須以金錢來解決，這也是事出無奈。但是，筆者卻不贊成在談判進行開始的階段，即把話題朝向以金錢解決的方向。

我認爲所謂糾紛談判，基本上是一方必須付出代價的結果，這乃是「All or Nothing」的事件。

假設有一名月薪三萬元的上班族，他是負責處理公司糾紛的人。有一次他前後共花了十天的功夫處理某個事件，單純地估算一下，公司等於爲這件糾紛支付了一萬元的代價。在這個例子中，假設對方當初所要求的是三萬元的話，是否公司等於損失了四萬元呢？

答案是否定的。至少我認爲所謂企業應該有堅決拒絕不法要求的社會義務，所以，即使因此而必須花費更多的資源（金錢及其他）也要在所不惜。

也許有些人會把「平息糾紛」與「所耗費的勞力」放在天秤上做衡量。不過，我卻不贊成也不採取這種做法。

金錢解決的方法雖然簡便，短期上也有其輕鬆的一面。不過，從長期的眼光來看，恐怕有再度發生的危險，對公司整體並非有利。而且，甚至成爲致命傷。

依筆者的經驗，以金錢所解決的糾紛，十之八九會再發生。只要「到那家公司找碴必有錢賺」。讓老千們食髓知味以後，後果就不堪設想了。

同時，一心只想用金錢來息事寧人的姑息心態，必會在談判中露出破綻，而給敵人有隙可乘。談判中由於讓對方察覺到有利可圖的跡象，本來可以解決的問題，反而弄得無法收拾的例子不勝枚舉。

要堅持就事論事的策略，對抗尋求利益賠償的對方，必須有相當的勇氣與耐力。同時，在雙方對決前貫徹這裡無油水可揩的路線，更需要有相當的精力。而我認爲雖是要如此勞心費神卻仍有值得一試的價值，而且這個價值在事後必定得以回報。

絶不可在談判前就想要妥協

有些人認爲所謂談判是彼此讓步，這個觀念原則上是正確的。因爲，在談判上做某種程度的讓步是不可或缺的要素。最具代表的是勞工與公司勞資糾紛的談判。

在勞資糾紛的談判中，雙方若不各讓一步，通常無法獲得「妥協」。而妥協本身就帶有讓步的意思。

以國家之間的貿易談判而言，讓步的幅度有大有小。不過，基本上鮮少有一方全面性地壓迫對方的方式。基於這一點，國與國之間的談判也可看做互相讓步的談判。

但是，糾紛談判和一般的談判稍有不同。基本上不應該是互相讓步。同時，若表現出讓步的態度，無異是承認「敗北」。當然，正如前項所述，結果也可能變成雙方各讓一步的情形。但是，筆者總認爲一開始即想定要讓步，乃是錯誤的觀念。

在糾紛談判中，我方往前進一步，對方就退一步。而且，對方雖然向後卻又頻頻地對我方召喚。於是我方再往前進一步，然而對方又退一步。彷彿踏著自己的影子前進一般，這種談判叫人難以掌握。

如果永遠反覆這樣的態勢是解決不了問題的。因此，對方也必定在某個時機逼向前來。到那時，對方早已獲得百分之百甚至百分之兩百的滿足，而我方則是被啃食到骨髓，在幾近於全盤皆輸的狀況下「妥協」。

糾紛談判中的讓步是意味著討好對方。但是，奉承、阿諛並不會有好結果。

在此，請重新回想一下談判的基本問題。所謂糾紛談判是應付概念上的「對方無理的強求」。面對無理強求之輩何以需要妥協呢？

「讓步」從另一個角度而言，是要將我方的談判方針已經動搖的事實洩漏給對方。一旦對方洞穿我方的談判方針已經動搖，對方的要求也會節節升高。既然是找碴的老千就不會不藉此機會得寸進尺的。

負責談判者應當明白，如果向要求一百萬元的對方提出「五十萬元可不可以？」「七十萬元和解吧！」的讓步，最後必定招致更悽慘的結果。即使最後以一百萬元達成協議，正如前項所述地，等於是給對方一個趁機敲詐的機會。

不事先想定讓步，並不意味著談判誠意的有無。

談判方針確定後，絶不可中途變卦

不論是何種談判，所共通的是，在談判之前會先確定企業（團體）整體的方針。而一旦方針確立了，原則上在交易過程中不應反覆。

雖然在談判前會有遲疑不前的徬徨，然而，過於優柔寡斷，恐怕會失去談判的契機。同時，有些人在進入談判之後會因第三者的意見而發生動搖。

當然，事先確立糾紛談判的基本觀念是理所當然的。但是，企業本身最好也能制定「解決糾紛談判的通則」。不過，經常可見的有些公司在處理性質相似的糾紛時，因負責談判者不同，談判方針即改變，即使結果很令人滿意，卻不是値得稱許的做法。

也有些公司在董事長交替時，處理糾紛的談判方針也會馬上改變，從某個觀點來看，既然最高領導者已經更替，經營方針已變更，在這種狀況下糾紛談判的原則也必須改變。有人或許會認爲這也是理所當然的吧！

但是，依筆者過去所處理的事例而言，不管最高領導者是否更替，企業本身處理各種糾紛的談判原則絶不改變的公司，在發生糾紛時往往有較大的「勝算」。

負責處理糾紛者因對方的態度而迅速改變方針的例子。這種對應方式在糾紛談判場合最要不得。

假設本來大發雷霆的對方突然變得和順。結果負責人暗自竊喜，以爲這個時候可以把問題做一個了結，於是提出要和解時，卻可能被對方怒喝「到底是誰說問題可以解決啊！別看我一副和順的樣子就以爲已經沒事了！」事實上這樣的例子太多了。

專業級的老千會刻意地掌握這時應有的呼吸，意即聲調的強弱等。這也是他們慣有的技倆，絕對不可落入對方圈套。搞不懂對方何以改變態度，卻表示出附和的態度，這正意味著自已已落入對方的圈套。

以爲對方已經感到膽怯而急著提出結論時，對方卻不見得會接受，反而是因此卻又引發一場新爭論。這種例子在糾紛談判中極爲常見。

公司時常變更既有的方針，對內部會產生不良的影響。假設最高領導者或上司朝令夕改地改變方針，會造成實際負責處理糾紛的人無所適從。即使談判情況順利進行，也會陷入「說不定什麼時候上面的方針又改變了」的猜疑中，在這種狀態下根本無法做好工作、達成談判。

爲了激勵職員的「士氣」，必須貫徹始終既定的方針。

事先做好詳情資料以備法律訴訟

糾紛談判中恐嚇是少不了的。當然並非我方向對方恐嚇，而是對方向我方恐嚇。帶有恐嚇的行爲，簡單的說是很容易發展爲刑事案件。如果對方心懷不軌，但表面上仍表現著紳士的態度倒無所謂。但是，若利用言詞或力量對我方造成精神上的壓迫，或肉體上的危害時，就已構成恐嚇罪（傷害罪）。這已經超過談判糾紛的範圍，變成一種「事件」，是警察管轄的範圍了。

不過，警察基本上是以「不介入民事」爲原則，除了有實際上受害的案子之外，口頭上的恐嚇並不受理。因爲，在室內的談判難以收集證據，口頭上的磨擦（糾紛談判）乃屬於民事的範疇。

而律師方面也不太歡迎這種案件。我認識好幾名被捲入糾紛事件的人，當他們去找律師商量時，都被要求「做好詳情資料後再來吧」。詳情資料是爲了使事情眞相明確化的一種手續。

爲了預防談判破裂雙方對簿公堂（或警察介入）的緊急狀況，最好事前把談判的過程做成詳情資料。

詳情資料的製作在訴訟以前會對對方造成有形無形的抑制力，譬如下面的例子。搭上某觀光巴士的男子是頗負惡名的找碴專家，他告訴巴士上的導遊說：「我有氣喘病，如果發現我在車內顯得痛苦的樣子，這裡有治療氣喘的特效藥，請趕緊放入我的嘴裡讓我吞下。若晚了一步會死人喔！」該男子不久即陷入沉睡，巴士導遊早已風聞那名男子的惡行，在巴士行駛間，每隔十分鐘就到該男子的座位附近窺視其狀況，不知是否佯裝入睡。

總而言之，呼吸狀況完全正常。

當巴士到達目的地，由導遊小姐引導巴士轉向的時候，一路上平安無事的男子突然開始出現掙扎的樣子，其他乘客全體下車之後，該男子仍然一副痛苦的樣子（佯裝？）結果由一群年輕人扛下巴士。

然後，那名男子一反剛才痛苦萬分的神態，大聲地怒吼著「難道想把我害死？該如何賠償！」如此地罵了一個多鐘頭，而且提出各種無理的要求。當然，其中還包括了金錢的索賠。換言之，他要求巴士公司以金錢向他謝罪。

由於這名男子在過去也曾發生類似的糾紛，因此，公司方面迅速地判斷不得已要提出訴訟。於是馬上進行製作詳情資料。

首先是把對方的怒罵聲錄音起來，再根據錄音帶上的一詞一句忠實地做成文書，用雙掛號以存證信函送到該男子的住處。

這個方法產生了意想不到的效果。該男子不再有任何要求，而且，也沒有出現在所指定的談判場所。

有關詳情資料的製作法會在第六章詳述，而其要點可說是製作「錄音帶的錄音、過程的記錄、內容證明」等三種利器。當然，過程的記錄只是一種「記錄」，要使它成爲有力的詳情資料，必須正式地文書化。

最重要是確實地掌握住所謂的「5W1H」。換言之，應明確地指出When（何時）、Who（是誰）、Where（在何處）、What（什麼事）、Why（爲何）、How（情形如何）。以前面男子爲例，在巴士到達之前——譬如，在某處的營業所前方幾公尺之處做詳細的記載。如此詳細地做記錄時，會明確地顯現出我方已有（要提出訴訟）的覺悟，而對方會因此而感到膽怯。

至於錄音帶，其在法庭上通常無法發揮證據效力。但是，如果錄音帶被判斷在其他的狀況下對文面所提出的事物具有充分的客觀性（信賴性）時，則可最成爲一種「佐證」。

「Yes」「No」的回答必須明確

我有一個被稱為八面玲瓏的朋友，這個人在某糾紛談判的談判桌上，因為向對方說出下面的一番話而失敗。「您的說詞我不是不了解，您也有您的立場。但是，我也有我的立場。如果，不為我著想……。」

他的失敗可說是理所當然的。「您有您的立場，我也有我的立場」，這種論調對方當然會選擇「自己的立場」。因為這句話裡頭並沒有說絕對不可選擇自己的立場。結果，這位朋友所擁有的商圈，幾乎被對方強奪殆盡。

另外，一名擔任公司高級職員的友人，也經常做模稜兩可的回答。一有糾紛隨即到我這邊商量，回去以後又立即打電話來。「您教的對策的確不錯，不過，如果鬧僵了我可不管喔。」——說什麼鬧僵了不管，當事者可不是我而是他自己啊。這個人本性不喜歡爭執，在糾紛談判中也無法採取毅然的態度，總是為了在對方面前充當好人而失敗。

優柔寡斷的態度、不明確地做「Yes」或「No」的回答。在糾紛談判中是非常忌諱的。若無法確定最後的回答是「Yes」或「No」根本無法確立談判方針。

處理談判的人必須是複數

派兩人以上處理談判的談判，乃是遇到糾紛時的對應鐵則。過去筆者曾經數次單槍匹馬出席糾紛談判。然而，結果都不盡理想。而環視周遭類似的案例，獨自談判的結果也似乎都不太好。

喜歡獨自談判的人，其共通的特徵多半是腦筋好（或自以爲腦筋好），舉止有點輕率者。自尊心高，認爲讓部屬擔任談判有失顏面的人，也會經常乘興而去敗興而歸。

複數人一起處理談判時，要事先分配好主、副的角色。

在此我們以兩人一起處理糾紛談判的場合爲例。假設擔任主要職物的是A，A就是所謂的發言者，亦即一般所稱的談判人。

至於另外一名B要做什麼呢？他則充當觀察敵情兼書記員。有時即使一直保持沉默也無妨。然而要記得談判時所提到的要點、對方的矛盾點等，並做好記錄以支持發言者的意見。盡忠此職務的B從某個觀點而言，可說是整個談判過程的證人。不過，在訴訟的場合由於本身是當事者，並無法充當證人。

若談判桌上有一個從不發言只仔細地記錄談判過程內容的人，會對對方造成無形中的壓力。他們一旦想起「他到底在寫些什麼」的問題時注意力就無法集中，因而攻擊的氣勢自然削弱。

前面提及「仔細地記錄談判過程的內容」，其實實際上並不需要把雙方的發言一字不漏地記錄。若要做到這一點，除非具有高段的速記技術，否則根本不可能。事實上只要能創造出這種氣氛就行了。和我同行前往談判的人當中，甚至還有因為對方的論調過於可笑，而佯裝筆記的樣子，卻在手冊上畫起漫畫的怪胎。

碰到對方的言詞出現明顯的矛盾時，充當筆記者若能一邊筆記一邊發言說：「這有點奇怪喔。你剛才不是那麼說嗎？」往往會收到意想不到的效果。當然，這時必須有相當程度的正確記錄。

有同伴隨行，在心理上有極大的安定作用，然而，往往也會因彼此的信賴而造成弊端。為了避免發生這種現象，應事前與同伴做好職務的分配。

獨自前往談判時，最致命的缺點是很容易陷入「想回家卻歸不得」的狀況。糾紛談判時最忌諱前往對方的陣營談判。如果不得已必須犯下這個禁忌時，很可能會因意見的衝突造成有家歸不得的窘態，若有複數人同行，則在恰當的時機由某人先站起來說：「那麼，我們先回去吧！」對方也很難制止。

事先選定談判負責人

「全憑上司的判斷或決定」之類的說法，只會使糾紛談判變得更爲棘手。即使事實上必須徵求上司的判斷或首肯，然而親口說出這樣的話等於承認自己沒有權限的事實。結果會怎麼樣?事態會發展爲「和你談不攏，叫有權做主的人來談吧!」而使糾紛愈鬧愈大。在這個瞬間會使本來一場小火災演變爲大火災的危險。

故意找碴的人在挑起糾紛後，必定叫囂「讓我見董事長」。若能直接會見董事長，對他們而言事情就好辦多了，但有些沒有經驗的董事長一碰到找碴老千前來挑釁時，常無法給予斷然拒絕，而指示負責的高級幹員「(應聽對方的說詞)善加處理」。

如果對方叫囂「要和有實權者談判」只要賦予負責者實權就行了。而最簡便的方法是公司給負責談判者有關特定的相關權限，雖然目前採用這種模式的企業並不多，然而我卻認爲絕對是有其必要的做法。理由有二。其一是避免負責人產生「逃避」的情緒。糾紛談判是任何人「儘可能想避免」的事情，也正因爲如此，當對方指責說「和你談不攏」時，反而會高興地認同對方的說詞而放棄自己的職責。這種不負責任的態度是無法將小事化無的原因。如果賦予這種人權限，有明確的責任就無法伺機逃脫，自然演變成「只有硬著頭皮去談判」。

第二個理由和第一個理由有些重複。不過，若明確地指定「誰是談判負責人」，對方也無法拒絕。若一拒絕則等於自斷談判管道，詭計當然無法得逞，只好接受。而在這樣的狀況下，對方很難把事情做過分的渲染，這也許可以說是事前決定談判者的最大功效。

雖然公司派出了談判負責人，對方卻是一味地硬要「董事長出面」的強硬派，這時也不必由董事長出面，只要請出律師來。

糾紛談判中很容易演變成不管是誰出面處理，對方仍然執意「你派不上用場，叫有全權的董事長出面」的形勢。如果，這時候董事長眞的出面，就落入對方的圈套了。

若將全權委任給律師，使整個事件變成有法律保護的形態，對方就漸漸地無法拒絕談判了。不過，在演變成這種狀態之前，最重要的是要讓對方說出「你（負責人）不配談判」。如果事先即由律師出面會觸怒對方的感情，而造成可能達成協議的事情也無法收場。

談判負責人和對方會面數次仍然不爲接受時，才愼重地請教「我就不行嗎？」當對方說「不行」時，就變成我方讓律師出面的「藉口」了。談判負責人要試盡各種方法，在非萬不得已之下才使用這個戰法。這時，如告訴對方說：「您說我無法談判，那麼，我只好將有關談判權限委任給公司的法律顧問，您與律師談判的結果，公司方面絕無異議。請盡力去進行談判吧！」也許對方會大怒「上當了」。但是，這是他自己所提出的要求已不得反悔。

由我方提出談判的要求

除了第一次之外，談判的會面要求應由我方主動提出。筆者在日本曾經主動向某偏激的勞工組織提出談判談判（我以公司代表的身分）的要求。這時，和日本有關單位發生極大的爭執。因爲，在日本勞資糾紛中提出談判仲裁的通常是勞方。

有關單位認爲：「從未聽過由公司方面提出勞資談判的要求」。換言之，官方不接受。然而我卻反駁說「的確，條文上是有規定公司不可拒絕勞工工會的申請。但是，在六法全書中卻也沒有任何條文記載不可由公司方面主動申請。」——我們在正式的場合由權威的第三者見證下進行這樣的爭執。在我出去談判之前，勞資雙方都錯覺地認爲公司不可主動申請勞資談判，連中央方面也有誤解。

在糾紛談判的場合，鮮少有由被找碴的一方向對方提出談判的要求。這是因爲除了感到恐懼外，還帶有「恐怕對對方失禮」的負擔。

爲何我執意由我方提出當面談判的要求？如前所述，乃是因爲藉此以刺激積極的態度，採取機動性的行動。若等待對方前來要求，永遠處於「被追逐的立場」，徒然增加精神的負擔。

除了這種心理上的考量外，還具有必須由我方提出面談的必然性理由。因爲如果在後來才接納對方的談判申請，等於是陷入敵軍圈套的道理。

對方之所以指定面談的日期、場所，乃是對方早已擬定好談判的對策。這時，我方在無任何準備下倉促成行，等於是羊入虎口、自找死路。

既然有對策即表示有勝算。我方至少也該做好因應的準備。而且，也許對方的「勝算」也包括其所指定的時間與場所，說不定已經準備了監禁的場所，甚至還有一堆臉上有刀疤的道上兄弟們在場做證。

糾紛談判中所無法避免的就是這些危險。

某超級市場的停車場，發生了汽車擦撞事件。肇事的駕駛人不承認自己的過失，一口咬定是超級市場泊車者引導誤差，藉此向超級市場找碴「叫你的店長到我的事務所來」。

當時超級市場內的報告並未及時上呈，店長只當是一般的事故而漫不經心地前往對方的事務所，結果據說被監禁直到深夜還不被放行。由這個悲慘的實例即可發現，對方所指定的場所本身很可能就是陷阱。

嘟喃式的言詞、模稜兩可的態度是禁忌

有些人喜歡以模稜的態度使對方陷入五里霧中、搞不清眞相，但是，這種做法並不可取。因爲，曖昧的對應方式會使對方焦躁，甚至引發忿怒。

糾紛談判的目的並非平息對方的怒氣，即使令對方的怒氣上昇也無妨。但是，這並非意味我方積極地加油添醋。而是指並不需要努力地平撫其怒氣的意思而已。

對於造成糾紛談判的事情，對方多麼的忿怒乃是對方的自由，但是，應避免在談判過程中由於模稜兩可的對應方式，給對方無謂的刺激。

有些人不知是否因口才遲鈍或性格使然，講起話來嘟嘟喃喃，這在談判場合也是一種忌諱。因爲，糾紛談判是 Oll.Or.Nothing，是「Yes」或「No」的世界，必須明確地說明事物的來龍去脈。

有些人爲了避免給對方造成刺激，會故意以嘟喃的語調說話。那種說話方式含含糊糊、零零碎碎，彷彿不是和對方談話，而是在自言自語。當對方趁勢極力攻擊時，這種人說話的語調會變得愈來愈小，最後彷彿是唸經一樣。

這種人的感覺裡也許潛藏著「不想讓對方發怒」的心態，但是結果往往會令人有「如果不高興的話，可以不用聽」的感覺。

情侶之間鬧分手的談判或許可以如此，然而事態嚴重的糾紛談判卻不可這樣。既然是談判所說的話，一定要讓對方聽得見。

我認識一名書店的老闆就是這種類型。不管是一般的談生意或糾紛談判，對方常搞不清楚他到底在說什麼、想說什麼，而感到爲難。

有一次，他和某找碴者進行談判時，被該人怒吼「怎麼搞的嘛！根本搞不懂你在說什麼！」。結果他變得更加膽怯，聲音也比原來的更小。對方看到這種態度火氣更大，事情就陷入了這樣的惡性循環中。

這個問題最後還是由我出面協助解決。當時那位談判老千對我說了這樣的話：

「只要向你把事情說明白就行了——」

不論對方是否盛氣凌人的發怒、嘟噥式的言詞、模稜兩可的態度、唸經式的說話方式，都是禁忌。總之，既然是談判，語詞就應該明確。

以「沒有前例」爲藉口的對應方式會招致不利

以「沒有前例」、「從無這種規定……」爲藉口的對應方式，在公家機關或大企業中時常可見。其實這是想利用這種說詞擊退對方的要求。這個方法雖然看起來極爲合理，其實是最糟的處理方式。

最近，我在某處演講時，向聽衆詢問若用「沒有前例」爲藉口的應對方式是否可以獲得好結果。結果，多數人都回答說「不會產生好結果」。雖然有部分人認爲「這個方法不錯」，然而那些人卻也覺得「當場會令對方欲哭無淚，雖然可省掉許多麻煩，不過事後的感覺非常不好。」的缺點。

明知這種對應方式不好，爲何這麼說呢？當然我並無意以這個問題來追究現場的工作同仁，也許「不知不覺中」或「因爲這麼說聽起來似乎最有根據」，是大家共有的心態吧！以結論而言，大家所做的是「明知是一種惡習，不知不覺中卻這麼說」。

一般善良的市民一聽說「沒有前例」也許出於無奈只好打退堂鼓（心不甘情不願地離去）。但是，若是以製造糾紛爲業的人，事情就沒這麼簡單了。他們會叫囂既無前例就首開先例；既無規定總有例外吧！

若聽到對方如此反唇相譏，不論是公家機關或大企業大概都會招架不住吧！因爲，談判負責人本身也會對這個問題抱著疑問，何以無前例？從無規定呢？

碰到這個情況，找碴老千的慣用語句是這樣的。「既沒有前例就首開先例吧！又不是有什麼教條法規說不可以這麼做。還不都是你們爲了自己『方便』的問題。你們是公僕吧！既然是靠我們的稅金過活，就應該讓我們市民方便一點。」

因此負責業務的人不應與其爭執是否有無規定，而應明確地主張對方的要求是不合法的，並強硬地告之對方「不能法外施恩」。若採取「若有前例的話……」之類打官腔式的對應方式，反而會使事情更爲複雜。

不過，希望各位不要誤解的是！當善良的市民並無意找碴，而是爲了申請索賠處理時，其對應自應有所不同。譬如，社會福祉方面等，常有法律、條文無法顧及的部分。若把沒有受到社會福祉援助的人的要求，當成吵雜老千的「要賴」而強硬地認爲「無此必要」，是非人道的做法，絕對不可。

不論是那種情況，最重要的是不受前例或規定的束縛，亦即在處理事情時不要把有無前例的話搬上桌面。

以「疑問型」說出想說的話！

當對方口沫橫飛大談闊論時，千萬不要逞口舌之快，相反地要冷靜地傾聽他的論點，並從而找出對方的矛盾點才是明智之舉。其實，不讓對方有說話的機會，一味喋喋不休，乃是畏懼對方有所反駁的證據。

當對方的說詞告一段落時，我方則利用「詢問」的方式踏出談判的第一步。在詢問中展開自我主張，這乃是交涉糾紛的鐵則。而最重要的是讓對方親口說出所想要或要求什麼。

譬如，假設我方撞到合法停車中的汽車，交通事故的責任可以明確地劃分「〇%——一〇〇%」的例子，其實非常少見。但是，這個情況就屬於這樣的例子。換言之，錯全在我方，對方大聲地怒吼「搞什麼鬼啊！」這是理所當然的。接著也許會說「你要賠償！」這也是對方應有的權利。

但是，如果對方蠻橫的說：「喂！你可幹了好事。拿〇〇萬元來吧！」明確地表示金額時（除了實際上有十萬元的損害卻只要求一萬元的特殊例子外），就可當成恐嚇的題材之一。因為，我方的「過失」與「金錢」在糾紛發生當時並無直接關係，在這個時候本來的索賠問題就變成糾紛事件了。

專業的找碴師非常懂得這方面的要領，他們最常用的台詞是「表示點誠意吧！」——這是他們的慣用語也是他們的陷阱。因爲，如果由我方首先提出賠償的條件，就無法告對方恐嚇罪，假設我方提出五十萬元的建議，對方若接受還好，否則一旦變成「無法接受，誠意不夠吧！」而我方因而讓步地說「那麼一百萬、兩百萬」這樣就一再地落入對方的圈套了。

筆者常向來請我當顧問的人說——先向對方請教「若要表示誠意讓你們心服，具體上該怎麼做？」只管守住這一點。這時，對方不得不做答，而且如果所回答的金額、條件，超越一般的常識時，對方恐怕就有恐嚇的嫌疑。

在本書的最後，爲了訓練糾紛談判的技術，我倡導辯論的必要性。

在辯論的反對詢問中也有詢問話法，有興趣者可做深入研究。

詢問話法的優點

以詢問話法進行糾紛談判時有幾個優點。

第一、可以預防自己的失言。經常可見的是由於話說得太多，連不必要的也說出口，或給對方挑語病的機會。若能徹底採取詢問話法，就不會發生這種疏忽。

第二、詢問本身對對方就是一種抑制力。被詢問時，任何人都會陷入該如何回答的思考中，因此會有所遲疑，而減弱了攻擊的「氣勢」。

假設在對方將對我方提出某種要求之前，我方若能適時提出數項尖銳的詢問，對方就不得不暫時把其要求擱置一邊。而且，即使事後仍有所要求，當時的氣勢已經無法和先前相比了。詢問法不但可抑制對方的要求，也能抑止其氣勢。

第三、在詢問時可暫時避免對方的詢問攻擊。碰到較爲複雜的談判時，往往出現不能回答對方質問的情形。例如，提出回答卻造成對我方不利的情形，就屬於這種範疇。

若預想到會有這種情勢發生時，要領之一是使用詢問話法。這個手段雖然狡猾，然而爲求在談判獲勝也是不得已的。不過，若過於露骨地使用這個手段，可能會被對方洞察我方的意圖，甚至有些人因爲一直無法掌握提出詢問的機會而火冒三丈。找碴老千中常有這種類型者，因爲，他們是爲了盡速迫使我方走入陷阱，有時非採用詢問進攻法不可。

但是，人一旦氣昏了頭越容易犯錯，這也正是我方所期待的目的。

第四個優點也許是最大的利點，是可藉由詢問追究對方談話中的矛盾。以前來談判的人有兩人以上時，在反覆的詢問下很容易出現破綻。例如，處於同樣立場的A和B所說的話有所出入，這種現象經常在糾紛談判的場合中發生。這時，只管以詢問法做正面攻擊，爲了避免對方的詢問而只採用詢問話法，看似旁門左道，然而卻是糾紛談判的正攻法。

正如前項所述，糾紛談判的攻擊者雖然習慣於攻擊，在防守上卻意外地脆弱。若詢問對方而對方無法回答時，對防禦者，即我方的立場極爲有利。

在意識到會釀成糾紛時即錄音

假設你所購買的商品是不良品，而到商店申訴，方法有更換新品、修護或退錢等。這樣的「交談」是屬於索賠的範疇。

如果在這時商店的人將你的「索賠」錄音起來。當你得知這個消息時一定會大爲忿怒吧！這是理所當然的。

因此，錄音基本上乃是事情已經超過索賠的階段，發展成糾紛時才採用的手段，索賠與糾紛的界線非常曖昧，一發現可能發展爲糾紛時，即錄音是最實際又聰明的做法。

現實問題中，突然把錄音機擺在處於火頭上的對方面前，除非有相當的勇氣，否則一般人是辦不到的。

若無法堂而皇之地錄音，可將隱藏式麥克風的小型錄音機藏在西裝的內口袋。

若在電話進行交談，可活用電話答錄機。這個方法因爲對方並不在眼前，任何人都可以隨意運用。

事先做好錄音，至少可以預防事後雙方各執一詞的爭論。在所有的爭論中沒有比有說、沒有說的各執一詞更令人不快的。

利用錄音機還有另一利點是，自己會注意自己的談吐，減少失言。同時產生想盡量誘導對方說話的意識。在糾紛談判時，誘導對方開口是非常重要的。因爲，受人誘導而發言量增多時，相對地，失言的機率也增多。

雖然覬覦對方的失言以便從中挑毛病的做法並非正道。但是，如果對方是非法集團，則自己也不必清高自詡。

不過，錄音帶並非萬能，若有輔助錄音帶的「證人」更好。錄音帶不可能掌握住「5W1H」。譬如，無法錄存是何時、何處所發生的事，而事後用自己的聲音錄音，這些要點則毫無意義。

若有確實的證人，就可在法庭上補足錄音帶上所無法收錄的具體事實。

以誠心面對索賠，以記錄對抗糾紛，是極爲合理的做法。

不要因爲怕「有失體面」而在別室談判

面對大聲咆哮的對方隨即招呼著說：「好、好，這位先生，我們到那邊談談吧！」而立即將吵雜的對方拉到別室談判。這種處理方式最常見於飯店、餐廳等服務業、以信用爲主的銀行等金融機構及公家機關、大企業等。雖然這並非承認自己的過失，只是因爲在公衆場合被人大聲咆哮有失體面，所採取的對症療法。然而，根本對問題的解決毫無助益。

雖然處理方式可因事情的內容而定，不過，若是無理找碴，這時應採取更嚴正的態度。一般並不會因爲在別室商量就可平撫對方的情緒。相反地，反而在拉扯間會造成火上加油的結果。

而邀對方到別室商量的舉動正表示我方對於處理感到棘手的證明。找碴老千其反應將更加得寸進尺。如果我方採取嚴正的態度說，有什麼問題請在這裡說明白吧！一定會使對方的氣勢受挫，若對方不因此而退縮，則亦可證明其必定是相當棘手的強敵。

在其他顧客面前大聲抱怨，不成體統而覺得事態不妙。對方的行動模式就是根據這種三段論法的行動。而一般人很容易中此圈套，總打算在隱密的地方把事情解決。這可說是人的一種惡癖吧！

表面上的理由是唯恐影響聲譽，其實這乃是穿鑿附會的說詞。在旁圍觀的群衆看見店裡的人一再地安撫發牢騷的對方，反而越有興趣。若聽到店裡的人說「還有其他的客人在，請安靜一點。」或「我們到那個房間談……」，內心就揣測著「這家店一定有什麼不可告人之事，想要隱瞞吧」。反而容易造成不好的風評。

在餐飲店經常發生的糾紛之一是，餐廳所提供的飲食中混雜著異物。我充當顧問的某大型家庭式餐廳，每年都會發生數件類似的糾紛。但是，事實調查之後，發現幾乎都有當事者刻意將異物混入餐點中的嫌疑。因爲，裡面攙雜著廚房未曾使用的物品，多半是令當事者匪夷所思。

面對這種糾紛，我都指示員工在客席或櫃臺做處理。如果是我方絕對沒有過失，而對方的抗議又沒完沒了，並且帶有惡意時，會在途中令對方覺得是「妨礙業務」。結果，多數人會變得和順而掉頭離去。當然，餐飲費照收不誤。

絶對不可採取「私下了結」的處理方式

私下處理糾紛的做法，常見於公家機構或舊式體制的企業（尤其是大企業）。渴望私下了結乃是隱藏著愧疚的意思。

「私下了結」的事都有金錢的糾葛，這是理所當然的。絕對没有平白無故願意暗中了結的找碴老千。既然是由我方提出的「請求」，當然需要相當的金錢。

從前，日本某企業使用來路不明的卡車時，被組織內部的相關者威脅要到陸運局提出檢舉，公司恐怕被揭發其違法行爲，而決定私下了結，打算用金錢堵住對方的口。

但是，没想到卻因此被對方趁虛而入，結果花費了千萬鉅額仍然擺不平。

也有個人因爲畏懼自己的行爲被公司得知，要求對方私下了結的例子。這種例子不勝枚舉，譬如某上班族在駕駛中，發生了輕度的碰撞車禍，他擔心因此影響未來的升遷，不透過警察及保險公司，想私下解決。結果，不但被對方勒索損害賠償四、五十萬元，還有所謂的療養費，以及各種名目的要脅，最後總共支付了將近一百萬元。

「私下了結」的處理方式反而會被對方掌握弱點，而使小糾紛發展爲大事件。一旦在暗中的世界有所糾葛，這種牽扯就沒完沒了了。這就好比一種孽緣。

因被對方掌握致命性的證據，而不得不受對方恐嚇的例子其實並不多。然而，若畏懼自己的形象受損而硬要掩蓋既有的事實，反而會使事情愈弄愈糟。

因爲，在非正式的決議下所掩飾的事件，當時即使求得心安、平安，然而，事後必定會被其他人察覺而種下別的火種。當過去暗中了結的事實被揭發時，公司方面才會大發雷霆。總而言之，因爲一再地要把事情在暗中了結，所以，攤在檯面時反而變得無法收拾。

如果公司內部有被世人指責也是理所當然的「惡事」，只要向一般大衆謝罪即可，根本無須向恐嚇者低頭、奉承並出錢尋求解決。這種做法簡直是本末倒置、自毀前程。

我認爲即使出錢解決糾紛，還是無法改變被勒索的命運。因爲用金錢解決的事件必定再度發生。爲了避免和社會的敗類結上不解的孽緣，在事情發生後，最好採取毅然面對現實的態度。

找碴老千的情報比FAX還快

所謂的人口難杜。要封住找碴老千的口，事實上根本辦不到。這些找碴老千不論是有團體者或是在外闖蕩的一匹狼，在其狹窄的世界中總有非常綿密的人際關係網。他們之間會互通聲息，一人得知的情報，在一個鐘頭之後傳遍數十人。

從前，在日本的大阪梅田某飯店的大廳，因常有非法票據集團者的聚集地而聞名。筆者曾經數次目擊到一臉鐵青發出悲痛的慘叫聲說「糟了。跳票了！」的中小企業老闆。

到底是誰開給那家公司的什麼票跳票了，這方面的情報可說是一夜就傳千里。他們之間比FAX還快。而且是早在科技時代以前所既有的現象，委實令人恐懼。一夜之間即傳遍整個大阪，翌日連關西全域也知曉。這就是他們的世界。

像我所從事的工作，就常可獲得其他人尚未知曉的情報。但是，當我在糾紛談判時和這些找碴老千們碰面時，我所獲得的情報在他們眼中根本不算什麼，他們早已耳熟能詳了。

在現代的高度情報化社會中，想要掩蓋事端幾乎是不可能的。

●即使被暗示將被列入黑名單也無所畏懼

有些人會威嚇對方要將其列入所謂的黑名單，暗示將在大衆媒體揭發事情的，也是找碴老千的慣用手段。

那麼，該如何處理這樣的威脅？基本上是對其不理不睬。

如前所述，其實找碴者所掌握的要脅恐嚇的線索多半不足爲奇，若是足以動搖大企業根幹的重大線索，即使放任不管，媒體上也會有所報導。

而他們可以行使影響力的媒體，事實上並不足以稱爲媒體，多半是讀者層極爲狹隘的迷你媒體。

當然對策必須根據話題的內容而定，不過，基本上的做法是勇敢地擊退他們的要求，而認定即使被他們宣揚也無關痛癢，頂多是被蚊子叮到的疼痛而已。

的確，從某個觀點而言這也許是一種豁出去的態度。但是，根本不需要各個去應付找碴老千的要求。這並非金錢損得層次上的問題，而是企業本身的道德問題。

糾紛談判中不可以「常識」作判斷

糾紛經常超越常識的範圍，正因爲如此才令人感到棘手，甚至可以說多半是不符合常識的問題。

日本某航空公司就曾被指責其某國際線飛機上播報英語的空中小姐太差。若是外國人有所指責倒還不難理解。但是，卻從來沒外國乘客對飛機內的英語播報員有所不滿。這位大發牢騷的乘客是當地人。

假設，委屈求全就承認飛機上的英語播報員眞的不盡理想。不過對當地居民而言，聽取本國語的說明應該就足夠了。

但是，他的說詞是這樣的：

「那麼差勁的英語誰聽得懂。讓不會英語的人在飛機上充當播報員像什麼話嘛？根本沒有好好地做職員訓練。你們公司到底是怎麼教育職員的？請用文書對其中的原委做一番說明！」

簡直是無理取鬧。但是，換這種人談判就是所謂的糾紛談判。在這件事從一開頭就是「

違背常識」，因此，根本不必勉強返回常識的範圍內在常識的理念下給予處理。

但是，原理、原則雖是如此，然而實際的談判是活的，很難按牌理出牌。這個糾紛雖然只是單純的言詞挑撥，然而卻意外地麻煩。因爲公司方面採正式的方式和對方對應，這乃是服務業者可悲的習性。

對方的手段也極爲巧妙，剛開始並不提出任何要求，只是以職員教育有所缺失爲藉口從中小題大作。由於對方執拗不休，感到爲難的處理者問對方說：「到底該怎麼辦才能解決？」對方只說一句話「那就要看你們的誠意了」。

後來演變成誠意所指的是什麼的談判，最後那個人要求某種特別待遇。這個人雖然並非所謂的找碴老千，但是，卻是業餘者中頗難應付的對手。

這家航空公司的應對方式難以令人苟同。不過，在此我想強調的是糾紛談判，乃是處理超越常識以外性質的問題。因此，在談判過程中絕對不可以一般常識來看待、思考或判斷事物。

公司不要干涉私人的糾紛

從前，某公司曾碰到下面的糾紛，該公司的兩名職員——在此稱爲A、B——到酒吧小酌。當時該酒吧有兩名年輕女性——假設是C、D小姐——雙方認識後便在一起飲酒。

不久，C小姐醉酒說「覺得不舒服」而跑進洗手間。但是卻遲遲不出來，於是A先生前往一探究竟，結果發現C小姐蹲在洗手間的入口嘔吐。A搓撫她的背部想使她舒服一點。

當C小姐較爲舒服一些時，A、B兩人說：「那麼我們回家吧！」付完帳陪著C小姐、D小姐走出店外，他們打算用汽車送她們回家。當時B滴酒未沾。

大家來到酒店門前的停車場時，D小姐突然開始嘔吐，B細心地照顧她。由於D小姐的腳步不穩，A及B陪她坐進汽車的後座。而C小姐也隨後坐進後座。然後回家。

A、B並沒有趁火打劫，而保持紳士風度，將她們送回到家。

事情的經過如上所述，一點也沒有構成糾紛的要素。但是，這件事情傳到公司時，情況卻大爲改變。竟然說A和B在汽車內對C、D小姐有猥褻行爲，而到公司告狀的是酒店的老闆。據說他還是某黑道幫派的幹部，他的說詞是：「貴公司的A對在本店認識的D小姐非禮，而B則強硬地親吻C小姐，這件事該如何賠償損失？因爲C、D小姐都是我們酒店的重要客人。」

A和B當然據理力爭，A的說詞是，自己在前座開車，怎麼對後座的人非禮？開什麼玩笑。而B的說法是，面對一個剛嘔吐的女性怎麼可能會想親吻？但是，公司方面卻不採納這些辯解。因爲，公司竟然將酒店老闆的指責信以爲眞。後來，C、D小姐也出面指證，說些對A、B不利的證言。看來這似乎是早已設計好的陰謀。

這個糾紛最後在不得已的情況下A、B二人離職，而公司則付給受C、D小姐委任的酒店老闆一筆可觀的和解金。整個事件的處理簡直荒謬至極。

剛才的例子在常識中的確令人很難想像。但是，對找碴老千以常識來看待是行不通的。只要他們有意，任何事都可能發生，甚至可以捏造。

上述的事件最應指責的是公司方面一味聽信對方的說詞，認定自己職員爲非做歹。不過，企業界不應當介入私人的糾紛才是最大的原則。

過度的說明反會變成辯解而成致命傷

社會上也會發生醫生被患者告狀的事情，患者的指責是，爲何做那樣的處理？病情一直沒有好轉。這種事在醫院也經常發生。其實不僅是醫院，只要是在外行人爲對象的專業職場中也容易發生類似的糾紛。在這種狀況下，醫生會對患者說明原委，表示自己的處置乃是正當的。但是，過度的說明反而造成敗筆。

事實上那位醫生所採取的措施是正確的。其正確性從學理上、實驗上甚至於臨床上都可獲得證明。不過，並非處置正確疾病就能立即痊癒。有些疾病必須花費較長的時間才能痊癒。

只要以這方式說明就行了，然而那位醫生卻說：「其實，對於您的病除了我這種處理方法，當然也有其他的方法。」從某個觀點而言這是非常仔細、親切的說明。不過，從另一個角度而言，這種說法極爲迂迴曲折，反而造成患者的混亂。結果容易被有意找碴的對方趁虛而入：

「聽不懂。總而言之，你是對自己的處置法缺乏信心。」醫生的說明方式會演變成對方這樣的反駁，也是理所當然的。

「不，不是的」醫生接著又反覆說明，但是，接下來的「說明」漸漸變成「辯解」，最後弄得自己動彈不得。事後據那位醫生說：「由於對方強硬地反駁，連我自己也搞不清楚我是怎麼回事了。」醫生由於做了太多餘的說明，而使自己陷入自我矛盾。

進退兩難的醫生最後覺得麻煩而說：「既然如此，我把醫療費還給你——」之類的話，結果這正是致命傷。因爲，這無異是承認自己的過失。

當談判進入膠著後，我才插手這個問題，最後終於獲得患者的諒解。但是，在此之前醫院方面所耗費的精神幾乎無法想像。

事後據說那位醫生在診察那位滋生事端的患者時，有些心不在焉，該醫生的反省是「漫不經心地工作時會遭遇意想不到的事端」。

正面表示自己的信念，可說是使談判無法走入旁門左道的要領。不過，過分的說明反而有害無益。

極力辯解反而因辯解的材料用完而投降

也有下面的例子，也是在醫院發生的事。據說嬰兒從X光台墜落下來，這個X光台並非高達一公尺以上成人用的X光台，只是十公分乃至十五公分左右的幼兒用X光台。

這時，根本沒有嬰兒頭部受到撞擊，但是，由於嬰兒在那瞬間嚎啕大哭，母親驚慌之餘而怪罪X光技師。事實上嬰兒之所以大哭，只是因為受到墜落時的震驚而已。

只要冷靜地思考必不會變成什麼大不了的事，然而做父母的發現孩子突然嚎哭，而且其原因是在自己看不見的地方發生時，當然會感到擔心。醫院方面首先應該做的是道歉及適當的說明。

但是，X光技師不先道歉卻開始「辯解」，既然要辯解至少也應往自己有利的方向做辯解。然而，或許是因為嬰兒突然嚎啕大哭而慌張，他竟然忘了解釋嬰兒「只是從離地十公分的台上墜落下來」。結果，父母以為是從一般成人用的X光台墜地而大驚小怪。

當然，從談判的過程中對方也發覺，自己的嬰兒是從幼兒用的X光台墜落。但是，一旦對醫院失去信賴的母親，卻不打算停止抗議。

這是忘記前題條件而使問題擴大的典型例子。當然，演變成這個結果的，毋寧是醫院對應失當。

醫院方面要求替嬰兒的頭部照超音波並做全身的X光檢查，但是他的母親不答應。她認爲即使現在沒有問題，以後若有後遺症該怎麼辦。於是又回到問題的原點，一再地責問醫院「爲什麼讓嬰兒從X光台墜落」？

醫院方面始終處於被動的立場，一再地「辯解」。但是辯解會令自己陷入自縛，最後演變成「既然如此，可以償還醫療費用」做這種不必要（極度的）讓步。

碰巧，這家醫院有一位極爲優秀的事務長，在事情鬧大之前把事件平息下來。但是，據說事務長花費了一番極大的心力。

當人一再地爲自己辯解、說明時，若被對方窮追不捨的追問「那麼，該怎麼賠償？」仍會因而處於弱勢。結果又將要爲自己的立場做辯解、解釋。但是，可用來爲自己辯解的材料總有用完的時候，到時無法繼續爲自己辯解，只好任對方予取予求了。

急著提示解決方策會落入圈套

基本上在談判的途中絕對不可向對方投石問路，或提示安逸的解決方策。這會是助長敵人氣燄的原因。

對方會利用各種機會攻擊，他們本來就是希望藉各種難題想從中獲利，因此，當然會極力採取攻擊的態勢。那些故意找碴的人其眞功夫也惟有在「攻擊」時才得以發揮。

外行人爲了避免或阻止他們如驟雨般的綿密攻擊，多半會在中途提出討好對方的意見，或者爲了揣測對方的心意而提出暗示。其實這種做法反而使自己陷入對方的圈套。

假設我方說：「看來除了金錢外別無他法了！」

對方一定會說：「如果您認爲這樣可以，我方當然無異議。」

結果造成我方處於絕對的不利。因爲，在這種情況下對方就不怕被說是恐嚇、威脅了，且更加有恃無恐。當已方向對方提出「似乎除了金錢之外沒有其它的解決之道」的話時，雙方間的折衝已變成具有任意性的協調。換言之，即我方被迫拿出金錢交給對方，而且實際上對方也有恐嚇的非法手段，但卻變成是我方任意將金錢提供給對方。

「好吧！就以十萬元和解吧。」——這是解決方策的提示。以筆者的經驗，首次所提示的解決方策對方幾乎不可能會答應的。

而且，這種處理方式令對方大爲方便。因爲此時對方只要提示 Yes 或 No 的回答即可。如果說「No」，也許我方必須再增加金額。事實上爲了使敵人撤消攻擊，有許多人這麼做。也有……。

我方主動提示解決方策時，事後要告對方有威脅、恐嚇的行爲，則難以成立。

當我方提出金錢和解時，職業找碴老千中有人會說「看不起我嗎？」這麼說的人可說是老千中的老千。

如果對方的語詞中帶有「難道要用金錢攏絡我？」的意味，當事情發展爲刑事事件時，對方還可以此爲藉口說：「我根本沒有這個意思（拿錢），警察先生。事實上我還對公司這麼說呢。」

試探或提示解決方策的確是非常簡便的談判方法。爲了儘早解脫受束縛的狀態，一般人都想儘量向對方試探或想出一些應急的對策，但是，各位應該認識這種做法其中隱藏著令人難以預料的陷阱。

●糾紛談判的電話應對　七個要領

1.錄音。並明確地告之對方「我要錄音」。對方必定感到畏懼。即使被拒絕也無需聽從。

2.不要使用佯裝不在的手段，而說「負責人剛好不在我去找找看」以爭取時間，以協議出因應的對策。

3.即使對方要求上司聽電話也絕對不要應允。可回答說由我方再打電話過去，詢問對方的姓名、電話號碼、住址，有時也詢問用意。

4.不要自以爲聰明地做答或自以爲是地應對。這會造成事後的混亂。

5.開朗而清楚地做答。不論是多麼粗暴的對方，終究是在電話的另一頭，絕對不會有遭受被烹煮啃食的危險。

6.一一地複誦對方的話語或做一番整理後，最後再做確認。找碴老千最討厭這一套。

7.如果打電話到家裡談公事時，明確地回絕對方「請在公司談」。

第二章　糾紛談判的心理學

談判前要調查對方以捨棄過度的先入關

兵法的極致是「知己知彼、百戰百勝」。糾紛談判是一種戰爭。在談判之前必須對對方有充分的認識。當然，這在最初的談判是不可能的。因爲，糾紛談判是由對方的突然會見或突發性的現象而產生。不過，糾紛通常不會一次就結束。

當有二次以後的談判時，爲了充分擬定對策，必須對對方的來歷做調查。對對方有某種程度的認識，較能使談判朝對自己有利的方向進行。

糾紛談判中很容易對對方抱有先入爲主的觀念。這乃是在我方的深層心理具有對談判的「恐懼」或「厭惡」而任意地想像對方的印象。有時甚至會把從未謀面的對方想像成魔鬼一般。尤其是首次的照會是電話時，越容易帶有這種傾向。

雖然把大壞蛋當成小混混也不太好——不過，這種例子實際上非常少。相反地把小混混當成大壞蛋的情況更糟。因爲，過度抬舉對方時會使自己動彈不得。譬如，將某人認爲是流氓，結果與之談判的人都因畏懼對方而無法做恰當的應對。我所說的就是這個道理。

先入觀一旦產生則難以拂去。這和把小學時責備自己的老師（其實是非常和善）直到長大以後仍認爲是「可怕的老師」是一樣的。人很難從已經架構成的印象中脫離。

糾紛談判中非常恐怖的固有觀念雖然很難拂卻，不過，談判的對象每次都不同。因此，可以藉由調查改變對談判的印象。參與糾紛談判卻疏忽調查，簡直是赤手空拳跳降落傘落入密林一樣——，有勇無謀。

對方基本上是屬於陽性或陰性的人？個性爽快或陰沉？提出意見後會立即離去或執拗不休的人？最少應該收集到這些資料。

同時，也要針對個人性格之外的背景做調查。有許多人自稱是黑道上的弟兄，然而，經過調查其中有不少假貨。

若是簡單的調查可委任徵信社，以兩天的時間花費一點錢即可獲得資料。若因此而能掌握對方的性格外貌，算起來還是便宜的。

不要一開始就帶有自己是過失者的意識

首先糾紛談判者經常犯的錯誤是，被對方抱怨時，立即帶有自己確實是犯錯者的意識。如果對方的抱怨並不踰越社會的規範則是屬於正當的行爲，有這種想法也並非錯誤。不過，也許對方並不是「抱怨」，而是要賴、故意找碴，遇到這種情況糾紛將再所難免。

一般人認爲發生交通事故時，即使肇事的責任是自己，也不可一開始就向對方致歉說「對不起，是我的不對。」我想也許有人對這個觀念有異議吧。

既然是自己不對向對方致歉也是理所當然的呀！但是，請仔細想想看，「自己不對」的判斷是誰下的？是「自己？」難道自己的判斷不會出錯嗎？其實沒有人可以確定自己的判斷一定正確。

交通事故中決定是非的並非當事者，而是由交通警察處理。況且幾乎没有一件交通事故是完全錯在某一方，另一方毫無過失，雙方的責任幾乎不可能是「零」或「百」。換言之，雙方多少有點過失。但是，如果一開始即認定全錯在自己而向對方道歉，心情上或許會好過些，不過，在實際的損害賠償的談判中，勢必對自己造成極大的不利。

姑且不談交通事故的話題，在糾紛談判時最忌諱向前來挑釁的人道歉。因爲，這不但令對方有機可乘，也會造成自己在心理上把自己逼向絕路的後果。

對方並非單純的被害者，而是佯裝「被害者的立場」。對於這些騙子若自己帶有加害者意識就完了。因爲，他們的目的就是要儘量地穿鑿附會，使我方產生加害者意識。

經常可見的例子是，當對方有所指責時「就莫名地自覺自己就是加害者」。然而事情根本没有莫名其妙的加害者。加害者和被害者的立場應該是非常明確。

「對不起，您說什麼我必定照辦。」這是在糾紛談判時絕對不可說出口的台詞。

當然，糾紛談判中也有我方完全過失的情況。但是，總要確認事實後再決定是否向對方謝罪。在事情還未明朗時不必要把自己當成加害者。

要讓步隨時都可以。然而，若忘了這一點一開始就自覺自己是犯錯者，不論在心理上或現實上都不會帶來好結果。

上司不可把部屬當成「過失者」

上司者很容易將部屬當成加害者，其一是為了逃避自己的責任，其二是形勢所逼。

假設某人掌握到足以引起糾紛的適當材料，到公司來找碴，接待者極盡所能地應對處理。但是，力不從心下只好向上司求援，這是常有的例子。

在這種例子中經常發生問題的是，雖然部屬已經巧妙地應對，上司卻在對方面前卑恭曲膝並說些帶有「是嗎？我的部屬這麼說嗎？眞對不起」之類語氣的言詞。這是在以拉攏客人為主的服務業界經常發生的現象。

由於他們腦海裡抱持著「客人就是神」的觀念，因此很容易順從顧客，把自己公司的部屬當成壞蛋。有不少人即使內心並不這麼認為，然而在表面上仍會採取這種態度。其實這很明顯的是錯誤的做法。

的確，客戶也許是神。然而，卻沒有必要異常地對之表現出卑恭曲膝的態度。

向對方表示抱歉本身就意味著我方是「加害者」。雖然上司在表面上採取「我的部屬不對，不過我卻沒有做錯」，然而對方並不在意這些差別。總而言之，已經找到「公司方面（

的誰）不對」就是最大的成果了。

糾紛談判的原則是不論部屬或上司，絕對不可把我方的人當成壞人。一旦承認是某人的過失時，事後的談判會變得愈加棘手。

不論問題的本質爲何，只因爲某人的態度、言談舉止被認爲不滿意，而使談判愈拖愈長的例子不勝枚舉。

爲了避免把自己陣營的人當成壞人，公司必須建立處理糾紛的共通原則。

如果上司把部屬當成壞人，部屬會產生「我照規定做了怎麼……」的意識，而開始對上司失去信心。同時，本來應付得很好卻被認爲處理失當，則無法處理以後的糾紛談判。這對公司而言是極大的損失。

有些人不太清楚部屬的報告，採取先向對方致歉的方法，這也是造成失敗的緣故。糾紛談判時，部屬與上司間的溝通尤其需要。

應對時絶對不可表現出忙碌的態度或表情

一般而言，糾紛談判是挺煩人的。光是處理聽說有這種事就令人煩躁，所以在忙碌時當然任何人都想「避免」。但是，這種心情絕對不可以表現在外。

下面是筆者曾經見到的例子。在結算時顧客對櫃台人員抗議說，房間的服務太差。結果櫃台的男性職員回答說：「若有所不便當時爲何不說呢？」臉上明白地裸露出「現在忙得很請勿囉嗦」的表情。

顧客對他的態度感到忿怒，咆哮說：「這是飯店人員應有的態度嗎？你不配和我談，叫上面的人下來！」

接著前來處理的是一般公司裡所謂的主任或科長級人物，不過，他也對該顧客的不滿明顯地表現出極爲不耐煩的表情。「到底是怎麼回事？」

這種態度更令顧客感到生氣，怒吼：「這是什麼飯店！叫負責人來。」然而負責人一直都沒有出現，這個糾紛就漸漸地往上級「踢皮球」。

每次出來處理的人各個都是一臉不耐煩的表情，明顯地表現出這種芝麻蒜皮的小事有什麼好吵的態度。因此，該顧客愈來愈憤慨，心中的怒氣愈不能平息。

最後終於出來一位很誠懇的幹部才巧妙地平撫對方的怒氣，當時顧客極為委屈地說：「一開始若採取這樣的態度根本沒什麼問題。」——因為房間服務的好壞乃是微不足道的事。

以上的例子是個小小不滿而差點演變成大糾紛的例子。不過，也有因為一點小過失由於煩忙而處理不當，結果發展為大糾紛。

在日本就曾經有這樣的例子。某人到公所申請印鑑證明時，結果卻拿到了一張公民票。很明顯地這是處理者單純的過失。那個人詢問說「這是公民票哦」時，工作煩忙的處理者一副蠻橫的態度回應「你寫清楚了嗎？」

很不巧的那個人是該市在野黨的新任議員。結果在市議會把公家機構如此對待市民成何體統做為質詢焦點，大肆抨擊。這個事件最後發展成公所一位課長因此而丟了烏紗帽。

曾經也有過一名老先生前往申請印鑑證明書，結果拿到的是一張公民票，而表示歉意的科員態度極為差勁，老先生感到忿怒於是故意不把公民票交回，而到議會申訴市公所在公文書發行上索取兩倍的費用。這時，也是因為負責的人繁忙，表現出粗野的應對方式，結果造成老先生鬧彆扭的導火線。

會在臉上擺出繁忙的神色對待顧客的情形以政府機構、大企業為多。但是，各位應該牢記在心，這種態度是使單純的問題演變成糾紛的最大原因。

談判中過度神經質反而容易失敗

談判前認爲「對方是難以應付的傢伙，必須小心留神」並無妨，但是，卻忌諱過度地神經質。過於神經質會使人變得過度緊張，同時，會在腦海中胡亂地描繪對方的形象，而把對方誇大地想像。

會神經質是表示內心裡早已在嚴陣以待，而嚴陣以待會變成一種自我催眠。從前曾經有這樣的例子。某中小企業由於股份讓渡的問題，遭受自稱爲小股東人物的威脅。該小股東佯稱「我會催眠術」。

聽聞此言，談判負責人膽顫心驚「說不定會中了對方的法術」——結果一開始即很神經質。爲了以防萬一我也同伴隨行。因爲，我具有不受催眠的自信。

那位小股東並非所謂的恐嚇類型，在談判時他極爲巧妙地說「我是爲你們公司著想才來的哦。絕對不會對貴公司造成不利」。其實這就是對我們的催眠戰術。

他說起話來抑揚頓措、聲音低沉、話語不斷。大約經過一個鐘頭，公司的談判負責人帶著有些朦朧的眼神對那位先生的所言頻頻「稱是」，已經完全地落入對方的掌握中。

由於我是以旁聽的立場參與這個談判，因此，沒有發言權。我發覺「事態不妙，照這樣下去負責人必定對對方唯命是從了」，於是佯裝伸手去拿眼前的茶杯喝水，故意把茶杯弄倒，茶杯墜落在地，發出了極大的聲響破裂。這時，談判負責人才從催眠狀態中甦醒，趕緊晃動手腳、輸通血脈——。

事後負責人說：「當時如果不是有茶杯破裂，大概會完全聽從對方的要求吧！」據說所謂的催眠術，對認爲也許會被催眠者管用，而對自信絕對不會遭受催眠者卻無法得逞。我並非專家因此詳情不太了解。不過，根據筆者的體驗，這個觀念似乎頗爲正確。

正襟危坐時精神上會陷入疲憊狀態，不擅長談判者面臨談判時，所承擔的精神壓力遠超乎平常的數倍。因此，嚴陣以待並非良策，最好還是以平常心處之。

以「必勝心」迎戰。不要有會「落敗」的想法

「不要想贏，一想就會輸」——日本已故歌手美空雲雀的名曲『柔』的歌詞並不適用於糾紛談判的場合。柔道選手在比賽時以「輸是理所當然」的觀念應戰時，實際上果眞敗北，頂多是自己傷心而已。然而糾紛談判的場合會使公司全體受到影響，甚至因而傷害了整個組織的架構。

因此，必須抱定「自己正肩負著公司的存亡」的覺悟，一開始即認定自己必定獲勝。有句話說「凡事做即成，不做則不成。不成乃是因爲人不爲。」換句話說，無法成功是因爲不努力尋求成功、無心想要成功的緣故。

筆者並無意在此做精神訓話。不過，糾紛談判的情況正如上述所言，自己若不想成功絕對無法談判到好結果。

日本某一流企業中有一位主管對糾紛總是採取「迴避」做法。由於該人非常没有自信只好到處迴避。後來這個弱點被某黑道團體知道後，於是就以此人爲攻擊目標，對該企業進行敲詐。最後，這個人在大衆面前被他們罰跪，而且公司還被勒索了一筆鉅款。

當時，周遭的人都說「果然不出所料，那個人一開始就認定不行，當然無法成功。」所言正是。無論在工作、讀書、運動上，若事先即想定不會成功，結果根本不可能勝利。如果勝利那只能說是運氣。但是沒有人有常勝不敗的運氣。

再怎麼說我也是這方面的專家，不論碰到多大的難題，基本上我都會讓自己抱持著「我出面一定可以解決」的自信。換言之，藉由這種自我暗示以提升自己的能力。

不過，如此大談闊論的我，過去也曾經一次事先想過無法成功，果然失敗的例子。這是有些奇怪的例子。

一位和我交情不惡的前輩，要求我到某個地方。一般人在這種情況都會問「爲什麼」，然而前輩只說「你去了就知道」。於是我也不疑有他地依約前往。結果發現那竟然是糾紛談判的談判席。對方是臉上有刀疤，一看就知其來歷不善之輩，我內心即感到「啊，糟了！」當時我對自己說，既然不懂來龍去脈何必和這些惡漢爭論長短。那時候我才明白原來我的前輩是想利用我當做對方借款的擋箭牌。怕我知道詳情後會拒絕，所以才出此一招。不過，總而言之最後我還是無法完成前輩的心願。

不要受到對方的服裝或舉止的威嚇

被迫接受談判的一方，絕對沒有自告奮勇擔任應對者，連經驗老道的我都感到厭煩。

假設帶著厭煩的情緒與對方見面時，看見對方一臉蠻橫、服裝也亂七八糟，言詞又粗魯時，幾乎會使所有前往談判的人長噓短嘆地自認倒霉「我怎麼碰到這種場面，肩負這麼可怕的職責」。也許有人直覺地認爲「對方一定是黑道人物」，結果更增加了內心的恐懼。

但是，其實在這個階段尚不必太早下定論。因爲，蠻橫的臉若綻放笑容，或許也會變成頗令人好感的臉孔。而服裝紊亂並不見得就是黑道人物。言詞粗暴者在我們周遭也不乏其人，憑這些因素即認定對方是「可怕的人物」」或認爲他是黑道人物，乃是自己心中一廂情願的觀念。其緣由，是因爲對談判所抱持的莫名不安感。

相反地，也有必須留意的例子。這是筆者本身頗爲懊悔的失敗經驗。

從前，筆者曾經擔任某公司的顧問，該公司請求我出席糾紛談判的會議。由於談判內容和我的專長不同，因此，很想辭退，然而由於公司的懇求，只好答應前往。

前來的男人帶著一付墨鏡，頭上燙著捲髮，身上的打扮是穿著白色皮鞋，腰上套著鱷魚皮帶。看到他的模樣我略帶輕鬆的語氣，在談判負責人的耳邊竊竊地說：「那個人是流氓吧」。因爲我本身對對方是否是流氓根本不在意，才會如此信口說出。聽到這句話，談判負責人大爲驚慌。更糟的是我竟然沒有發覺那位負責人已經聞風喪膽了。

談判中總覺得他的樣子有些奇怪，該守的不守而該攻的不攻。後來，我覺得在旁協助的自己像個傻瓜，甚至還胡亂地猜想「如果公司方面不打算據理力爭，根本用不著請我出場」。

談判的結果，以對公司極爲不利的條件結束。事後，我不經意地指責談判負責人的態度，結果他竟然說：「您說什麼啊！老師。您不是說對方是流氓嗎？老師您也許只當這是一次的談判，但是，如果我們處理不當，恐怕會被這些人糾纏不休，爲了避免這種情況，只好聽任對方的要求。」

我聽得目瞪口呆。原來我脫口而出的一句話竟然是造成「失敗」的主因。而且，事後經過調查，對方根本不是什麼流氓，只是該人品味較差罷了。

從此之後，那家公司從未再請我出席這樣的談判場面。

不應時而卑恭屈膝時而傲慢自大

有些人因對象的不同有時會採取極爲謙卑的態度，有時則又表現出傲慢自大的樣子。雖然頗令人懷疑其性格的眞僞，不過在談判中似乎也是一種的技巧。但是，眞的是如此嗎？事實剛好相反。

我認識一名在公司擔任經理的朋友，可以說是這種典型的人。當他碰到經驗豐富的人時，態度極爲謙卑，滿口地說：「是，是。您說得一點也不錯。哦，是嘛！是，是。我明白了。」好像古時候的掌櫃或學徒般的謙卑——應該說是卑賤。但是，這並非他的眞心本意。在他的心裡，根本不把對方看成一回事。

相反地，當對方表現出禮尚往來的態度時，他則又擺出舊式警察威壓式的「傲慢自大」態度。這種說變就變的態度的確精采。

不過，他面對對方的基準只是憑藉對方比自己強或弱的判斷而已。在此所謂的「強弱」並不只是力氣上的比較，也包括社會上的地位等綜合性的判斷。當然，他會充分地顧慮是否有後遺症的發生，而決定要採取謙卑或傲慢的應對態度。換言之，如果看見對方比自己「弱」，則顯得自大。比自己「強」時則變得謙卑。

在此先不管其間的人性問題，很明顯地這種作法的缺陷是沒有保持固定的情緒。換言之，會因對方的強弱而改變自己「所處的立場」。

在任何談判上，因對方的情況而改變對應方法並無錯誤。然而，連自己的「立場」也改變的話就是錯誤了。

譬如，以上述那位經理爲例。他是憑自己的判斷描繪對方的形象。但是，這是他自己任意的想像，因此，如果對方的反應和自己所描繪的情形有所出入時，將會大爲狼狽。該經理是一流大學畢業的知識分子，在工作上極有才幹，但是，每當由他出面處理糾紛時，總是談判失敗。而本人似乎也不明白其中的原因。

若是NO則斷然地表現出NO的態度，有些人認爲採取這種高壓的態度反而較有效果，當然這種做法也有其效果的，不過，基本上我並不贊同。因爲，表現出自大態度的人，往往會有「多此一言」的舉動。

在糾紛談判中因爲不小心的失言，造成嚴重損害的例子屢見不鮮。驕傲自大的態度等於是把人看成傻瓜，一旦採取這種態度後，很難回復原有的形象。

絶對不可有向對方諂媚的意圖

想要探索與對方要求的妥協點時，必定會產生諂媚對方的意圖。在糾紛談判中若諂媚對方必失敗。

有些人爲了避免刺激對方的感情，在談判中一味地諂媚對方。例如，對對方的發言一味地回答「您說的正是」、「正如您所說的」「是的、是是」。若認爲這種回答會使對方高興就大錯特錯了。的確對方會覺得高興，但是他是因爲我方一再地說「您說的是、正如您所說的、原來如此，」而把它解釋爲「我的說詞是正確的」，認爲「以後的談判將朝自己有利的方向進行」而暗自欣喜。

打算承認對方的說詞是正確之後，再來強調我方的意見也没錯，這種想法本身就過於一廂情願。我一再強調糾紛談判是你爭我奪的決鬥戰，根本無需在途中賄賂對方。諂媚對方等於是迎合對方。在糾紛談判時，我方去「迎接」對方是本末倒置的作爲。儘管擊退對方才是上策。

其中有些人只會回答「是、是」和「Yes」。這種類型者反而會使對方覺得「這傢伙把我當傻瓜」而變得動怒。

●不要刻意裝出笑臉

有些人在談判中會頻頻地展露笑容。如果是身經百戰的老江湖倒無所謂，一般人若現出這樣的舉動極為不自然。因為，基本上糾紛談判並非輕鬆愉快的場面，而是令人厭煩、恐懼的場合。這時展露笑臉則顯得非常不協調。

這種類型以從事販賣工作的人為多，女性中經常可見。在營業部門工作的人有許多平常就習慣於附和對方微笑的人，同時，似乎是以笑臉盈盈來掩飾內在的恐懼。若是女性多半利用「微笑」的武器來攏絡對方。但是，在實際的糾紛談判場合裡，這個方法是行不通的。

無論是順從性的陪笑或表面上的微笑，看的人一眼就能明白。因為，這和發自內心的笑容在本質上有所差別。臉上某個部位會顯得僵硬。

在氣氛既不愉快也不可笑的時候，臉上露出假笑反而令對方趁虛而入。若是江湖上的老千會立即察覺「原來對方害怕啊」，認定「可以放心進攻」而趁勢攻擊。

若對方是半專業或業餘水準的人，說不定會怒吼「還訕笑什麼，難道你只會這些嗎？」不論那一種情況，不必要的笑容都不會帶來好結果。

「逃避」會導致的弊害

處理談判時不論是採取謙卑的應對方式、諂媚對方或一開始就認爲並非自己份內的工作，基本上都是有「逃避」的意識。即使面對談判在形勢上是處於被動，然而在心理上必須採取積極態度，一味地逃避將是致命傷。

有些人是以祈求憐憫的形勢逃避。下面是某食品公司營業經理的例子。某次他奉命出面處理糾紛事件。但是，他在談判途中被對方有所指責時，就會採取逃避的態勢。

「我沒有任何權限與責任請不要逼我。」

剛開始談判時，他在精神上的確承受了不少壓力。不但有輕度胃潰瘍，而且更糟的是他的太太身體狀況也不好。連這些事情他也一五一十地告訴對方。

「我太太的身體不好，我的胃又患潰瘍。饒了我吧！」

然後立即住院接受檢查，那位營業經理雖然只是輕度胃潰瘍，不過，確實是腹部有問題。所以，也並非純屬佯裝住院。

但是，有不少人在糾紛談判中，身體並無異狀，卻爲了逃避責任而住院。這和在有犯罪嫌疑將被逮捕的政治家，都會因病住院的情形是一樣的。

姑且不論其中的曲直，那位營業經理二、三天後出院時，竟然離家出走，有一段時間完全找不到他的行蹤。

由於他這些舉動而使公司陷入一片混亂。因爲負責談判的人突然消失，談判當然會陷入膠著狀態，結果這些時間上的浪費對公司造成致命的傷害。

這可說是公司用人不當。談判負責人臨陣脫逃會產生下列的弊端：

①當事者不在的期間即使繼續談判，由於當事者逃之夭夭，接替者並不清楚談判到了什麼地步，無法有效對應。

②如果打算當事者不在也持續談判時，必須由比前任負責人階級更高的人出面。一旦談判往上級發展，對方所提的要求就會跟著水漲船高。

有關②的情形以後會再做說明。在此造成問題的是，當問題往上層發展時，並非由一般職員往主任、主任往科長、科長往課長、課長往經理一級級地上升，而多半是連跳二級或三級的類型。

換言之，也許一步就衝向董事長。越高階級的人出面時，基本上對公司愈不利。

不要以「不是自己份內的工作」做逃避的藉口

有些人在發生糾紛時會以不是自己份內的工作而迴避，這是非常要不得的。

以前，某家電廠商的職員因電器的安裝工程與顧客發生糾紛。但是，這位職員認爲工程方面的事是自己份外的工作，對於這些糾紛一概不接觸，顧客因而大怒，而使糾紛愈鬧愈大。

職員的說詞的確有其道理，因爲，他是隸屬於販賣部門，安裝工程是其它部門所負責。他是位極爲優秀的推銷員，過去從來沒有發生過買賣的糾紛。也許正因爲他對於販賣有十足的自信，所以才對安裝工程擺出一副和我無關的態度。但是，這個結果反而失去顧客的信賴，傷害公司的信用。

我碰到他時，他顯得非常頹喪。顧客方面強硬地指責，而公司也一再地要求他「負起責任、善加處理！」但是，我的工作是推銷產品和工程的業務毫不相干——。於是我問他「你是從那裡拿薪水的？」

他回答「××公司」。

「原來如此，貴公司的商品只有這次有問題嗎？」

「並不只有這次。不過我是屬於販賣的部門。」

「那麼，我請教你，難道公司曾經告訴你工作只有販賣而已嗎？」

他不知如何做答。我乘勝追擊地問：「爲什麼對販賣有間接關係的工程不理不睬呢？何不把它當做自己的工作呢？」這時他才點頭應允。

有關責任推諉的罪過容後再敘。不過，公家機構或大企業常把顧客當做皮球般地踢來踢去。其基本上的原因也是因爲大家抱持著「這些不是我負責的，請到別的部門去」推卸責任的態度。但是，顧客就是不知道正確的主管部門才到處詢問的。

幾乎可以斷定說，若採取這種推諉的應對方式，被顧客指責：「那麼，我該去那裡？有明文規定嗎？」將會很難堪。

有許多人在糾紛談判中，喜歡以「並非自己責任內的工作」之類的說詞做爲逃避的藉口。也許在當時或對當事者有其便利性，然而，以長期或整體的立場而言，反而會造成不利。

處理糾紛談判的事自己並不一定要信服

有些人開始著手某事時「若不了解其中的所以然決不採取行動」。這種類型者大半是較有教養或只做桌上業務的人。而在糾紛談判這是行不通的。

糾紛談判的進行完全和自己是否信服無關。若是一般的談判，摸索「令對方信服而自己也信服」的解決之策並無錯誤。妥協談判就屬於此類。

但是，如前述，糾紛談判基本上並不屬於尋求互相讓步。正因爲如此，根本不必顧慮對方是否能信服，或至少必須具有如此坦蕩的態度。

只要是處理糾紛問題就必須有這樣的認識，若一開始便考慮如何使自己能信服（我應不應該處理這個談判？）或（對方不是太可憐了嗎……），恐怕在如此揣測時自己已被對方攻擊得體無完膚。而這就是所謂的糾紛談判。因此，在要讓自己信服之前應先採取行動，然後再從行動中使自己信服。

事實上一旦發生事端，應該想盡辦法如何防衛自己或採取攻擊，根本沒有時間考慮是不是要讓自己信服。

某公司的課長是個典型的「在自己信服之前絕不採取任何行動」的人。他在一項與勞資糾紛談判中最後陷入歇斯底里的狀態。他爲了取得對方的信服，擬定了一份違反公司方針的回答書前往談判，在激烈的談判進行中結果那份對策書被對方奪取。其中有一到十個方案，一案和十案之間的內容有極大的出入。對方於是針對這個「矛盾」大作文章，同時該課長也被公司責備何以擅自做主。

這件問題在對方要求董事長提出道歉啓事時我才出面，經過一天裡五次的傳眞談判以及四天裡抄閱十數封的存證信函才搞定。對方因從未碰到這種狀態的對手，對於公司方面一反常態的強硬姿態感到措手不及，而不得不妥協。

當事情告一段落後，公司的高級幹部對我說：「在最初的階段，談判負責人一再地說無法信服，難怪事態變得難以收拾。」

然而我卻說：「不是，這和信不信服根本無關。相反地，想要獲得對方理解的觀念本身就是錯誤的。」

若想完全獲得信服之後再處理事務，這種人應當是成爲經營者。

不要渴望得到對方「信服」

經常可見的情況是，爲了想讓對方信服而自掘墳墓。在糾紛談判中並不需要讓對方信服，同時這種作爲在基本上是錯誤的。

爲了愼重起見在此附帶一提的是，若是有關索賠方面的談判，情形當然有所不同。索賠事件的處理最重要的是讓對方獲得信服或滿足。但是，糾紛談判時其對象和索賠不同。糾紛談判的對手多半佯裝顧客的立場，而實際上卻是手段惡毒的江湖老千。

找碴老千根本不是「信服」就會罷手，他們的目的幾乎可以說是在奪取他們所要求的「物品（金錢或其它）」。

所以，事實上根本不可能讓這些江湖郎中信服。

如前所述，人連讓自己信服都非常困難，更何況是令對方——尤其是糾紛的對方——信服。

對方因有所不滿前來抱怨，如果向對方致歉可使事情獲得圓滿解決，那就是索賠事件。然而找碴專家是趁我方致歉時提出要求的人，他們渴望把事情鬧大。

若以處理索賠狀況的方法面對抱有這種不軌心態的人，即使當時應對的態度極好，恐怕也不會有那一個找碴老千會像從前的俠客一般地說：「我明白了。你的誠心我很感動，事情就到此結束吧！」

不論是奉承、哀求、威脅，這些對專業的找碴老千都是行不通的。不論你怎麼做對方是永遠不會信服的。因此，我方最好的做法是徹底貫徹始終既定的方針。

經營者或上司也忌問部屬「對方信服了嗎？」之類的詢問語。糾紛的談判若一定要得到對方的信服則難以解決。因此，若硬要使對方理解反而使談判陷入膠著。

我個人認爲「氣魄」對糾紛談判的成否佔有極大影響力。而一有想要令對方信服的心情就很難湧現所謂的氣魄。

在此我再強調一次，找碴老千想要的並不是信服，因此，拼命地想讓對方信服，反而在無謂地消耗自己的精力。有時甚至會脫口說出不該說的話。

不要把「情緒」帶進談判中

進行糾紛談判時，應從頭至尾地以「理性」對應。絕對不可「感情用事」。因訴諸感情而圓滿解決事情的，多半對方是外行人的情況。如果對方是專業找碴老手，我方必定處於被脅迫的立場，因此不可能「感情用事」。

以前曾經發生這樣的例子。一位老太太被汽車碰撞，因輕微的撞傷住院，前往談判的人是一點也不懂得體貼的男人。他對老太太說：「你一個人恍恍惚惚地走在馬路上，才會造成車禍。」——老太太聽了這些話大受打擊。也許是過於氣憤？（因果關係並不明確）而染患了神經性胃炎。

這的確是頗令人同情的事件。不過，問題是那位老太太本來就有宿疾。

在此省略其中的詳情原委，最後，那位老太太不僅要求撞傷的醫療費，連有關胃疾的醫療費也一併要求。

我在途中接受這件談判的委任，第一次和老太太見面時——當時她早已出院——她一副要人憐憫的神態，楚楚可憐地向我說明。由於年歲已大，說起話來沒有什麼條理，只是以感情訴求希望公司方面支付所有的醫療費用。

我狠下心地說：「眞對不起，這辦不到。老太太我很想冷靜地說，我們必須把車禍的問題和你的宿疾劃分清楚。」

眼看著一件索賠事件正要演變成糾紛事件。因此，一開始我根本無意想使老太太一定要信服。但是，老太太最後也願意理解公司的立場。

我雖然是很容易落淚的人。然而，在商場界打滾的經歷已經養成了不爲他人的淚水所動的習性。因爲，把感情帶去談判必定失敗。

也有這樣的例子。

一輛卡車在運送「貓」的途中，由於箱子翻倒，一隻有血統證明的貓的腳扭傷了。動物商竟然要求好幾十萬元的傷害賠償，或許寵物的世界這也許是理所當然的吧！然而這個數目對我們而言幾乎難以理解。這個糾紛雖然事後差點變成笑話，不過，當時我毫不容情地砍殺了「情」。因爲，我認爲若是人則另當別論，一隻貓應該忍耐一下疼痛吧！於是我刻意將那件糾紛擱置一個星期，然後再讓貓接受權威獸醫的治療。結果那個時候什麼事也沒有了。

其實，當時我心中已盤算好了，輕微的扭傷只要一個禮拜的時間應該會痊癒。如果一開始就以「事情弄糟了」的感覺處理，也許會被動物商趁機勒索。

不急著結束談判

有一個人在駕駛中發生了輕微的碰撞，由於剛好有急事要辦，於是一再地向對方致歉，並且爲了迅速解決問題而和對方的駕駛員協議有關賠償的問題改天再詳談。

翌日，對方打電話來。肇事者前往對方所指定的面談場所時，一名和昨天的駕駛員一樣，看起來品性並不太好的男人走出來說：

「買輛新車來賠吧！昨天聽說你一再地致歉，你該不會忘了自己的過錯吧！」

蠻橫不講理地威脅。

雖然當時迅速地向對方致歉，也想迅速地把問題解決。然而這個問題卻因爲急於把問題解決反而愈拖愈長。

糾紛談判時，若心中帶有「想儘早結束」的渴望，相反地會使事情陷入膠著。我認爲這是因爲對方已看穿我方的心意，造成對方趁虛而入的機會。

糾紛談判的句點應由我方控制，這的確是談判時的大原則。

但是，無法預見後果的情況，而一味地想結束事情的想法是錯誤的。

當對方有不自然或不必要的強行手段時，我方可先行有計劃地定出底線。但是，除此之外應該順應情勢演變改變底線。

若焦躁地想要結束糾紛，反而會自亂陣腳。以上述的例子而言，造成車禍事故的駕駛員首先被對方發現「時間」的破綻，其次是「金錢面」的破綻。

所謂欲速則不達，若想依在速食麵店吃麵的要領，凡事皆要速戰速決，最後必然落得全面性地向對方致歉或一味討對方歡心的方法。而不論是那一種情況，其賠償不是「金錢」就是「物品」。

最後的談判底線應由我方指定。然而，在看不出結果的情況之前仍必須沈著應對，這可給對方造成一種威壓感，使談判獲致成功。

爲了想使糾紛談判儘早結束，卻失敗的例子不勝枚舉。原本以爲談判已經結束，然而沒想到卻是另一個夢魘般的談判開端。

不要渴望得到對方的寬恕

糾紛談判中的主題，若純屬對方的找碴、憑空揑造的情況，我方應堅持貫徹以「理性」應對的態度。

但是，如果我方多少也有過失時，則很難據理力爭，也很容易產生「請求對方原諒」的心情。

若是索賠問題，處理者訴諸「請求原諒」動之以情的做法也是理所當然的吧！不過，若是糾紛的問題，則不應抱有「請求寬恕」的心情。這並不是指把自己的過失當成有理或認爲自己犯錯的部分無罪的意思。而是指自己心情上的問題。

外行人在談判時爲了想儘早結束糾紛，會採取附和對方的態度。換言之，是懇求對方原諒自己的過失，然而這正好落入對方的圈套。

譬如下面的事例。據說一名投宿於某一流飯店的顧客，使用房間裏的西式洗手間時，由於前面的顧客惡作劇，在便器的蓋上黏上具有強烈黏著力的口香糖，使得其西裝褲和皮帶被遭蹋了。

那個人大發雷霆。這是理所當然的。

雖然該飯店把房間的掃除工作委任給其子公司，然而洗手間的清潔維護失當造成顧客損傷的責任，還是須由該飯店負起。

不過，遇到這種事，基本上飯店只要償還西裝褲與皮帶，並支付些賠償費就可解決的問題。

飯店事後也依這個方式處理（並非當天，而在事後這正是問題所在，在此先不討論這個問題）。

但是，對方態度強硬，認爲只是賠償與謝罪無法令其心服。他的說詞是這樣的：

「因爲這件事使整個出差的行程變得紊亂。沒有繫皮帶又穿一件不合身的替代西裝，不但樣子難看，在同伴之間也顏面盡失。」

到這個階段爲止，是經常可見的「發牢騷」範圍。但是，那個人後來又要求：

「最近飯店的住宿費漲得好快，又很難預約。我因爲工作的關係經常到這個地方來，既然發生過那件事，至少以後多多優待一下吧！對了，×月×日我還想住在這個飯店。」

雖然並非直接表現，然而這卻是委婉地要求住宿費全免的意思。

據說，由於希望顧客能體諒口香糖所釀成的風波，前往談判的職員終於退一步地說「請等一下，這我必須請示上司……。」

這個問題後來愈扯愈複雜，經過數年到了現在仍然未獲解決。但是，當談判負責人脫口說出「請等一下」時，飯店方面事實上在這項談判中已經「落敗」了。

口香糖事件和被害者的特別待遇要求，根本是不同層次的問題。在談判負責人的腦海中具有「顧客因口香糖事件而蒙受損傷，在同伴間顏面盡失，他的主張也是理所當然的吧！而且責任全在於我們公司」的「愧疚」，因此才脫口說出不該說的話。但是，碰到這種場合，負責人應該以事務處理而守住「理賠」的範圍。

換言之，最正當的做法是以毅然決然的態度告訴顧客說：「眞對不起，我們的確無法挽回您當時的情緒及面子。不過，我們已經盡其可能地把應當做的做好了，談判就到此爲止。」

要找碴老千罷手，除非他已經充分嘗到甜頭，否則絕無可能。

爲了請求對方的寬恕，而附和對方或提出不當之策都是錯誤的，結果只會造成自己的損失。

●緩和恐懼的反攻方法

在本章最後有幾點想在此特別說明。那就是不要只顧及如何應付對方，而應穩住自己使自己保持沈著應變的態度。

本章所提出的各種心理狀態全都是認為糾紛談判是令人不快的事，對對方具有潛在性的恐懼感而造成的。由於擔心「恐怖的對方」或「棘手的對方」，而在問題的處理上產生過敏的反應。

凡事都是一樣。不過，若過於集中神經反而會使精神承受極大的壓力。因此，我認為與其使自己陷於過度緊張，倒不如採取下面的應對方式：

那就是對於對方的容貌、風采、態度、舉止行動等不要一一地想要如何對應，只管思考自己的戰略——該如何防衛、攻擊。譬如，閱讀本書後覺得在下次糾紛談判時該應用哪一種技巧，而把全部精神集中其上。

這時，腦中只浮現自己該怎麼做的條理。所以，對對方就不再那麼在意，自然就會減低莫名的恐懼感。若能達到這個地步事情就好辦多了。也許有人會說事情沒這麼簡單吧！但是，凡事總要先試過了才知道，您何妨試試看。

至於有關糾紛談判的實踐要領將在次章解說。

●傳家的寶刀

對於接二連三的挑釁行爲，我們有一把所謂假處分的傳家寶刀。

本書並非法律專書，因此，在此不談假處分的法律上定義，不過，以字典上的解釋而言，這是指「基於當事者的申請，法院暫時決定的處分」的意思。在拔出這把傳家寶刀之前，請和律師充分地商量。不過，本文已再三地強調，在商量之際必須（最好）具備詳情資料。人一旦被捲入糾紛中往往礙於麻煩而忘了做下記錄，但是，各位應當記住詳情資料最後是能保護自己本身的權益。

處理宣傳車等所造成的「噪音」事件，是可藉由假處分而獲得效果的典型例子之一。要求律師提出所謂的「間接強制」必可成爲維護自己權益的強力後盾！

第三章　糾紛談判的技巧

最初的三十秒不要將視線岔開對方的眼睛

筆者認爲糾紛談判時最初的三十秒是勝負的關鍵。最初的三十秒內絕對不可在氣勢上落敗。

最初的三十秒大約是進入談判時彼此交換名片的時間，在這個過程中絕對不可將視線岔離對方的眼睛，請記住「如果岔開視線就落敗」。

有些人認爲專注地盯著對方的眼睛也許會刺激對方的感情。這方面的掌握要領的確不易，如果採取所謂的「瞪視」眼光，當然會觸怒對方。即使不發怒，在心裡也一定認爲「這傢伙莫非有意動粗」。

所以，不要瞪視對方，只是將視線「投注」在對方的眼睛上。這種注視法絕對不會失禮。

最初的三十秒是爲了不畏懼對方的準備時間，同時也是窺視對方態度的時間。在短短的三十秒內幾乎可以判定對方是恐懼或憤怒。

所謂「眼睛像嘴巴一樣會說話」，人的心裡狀態必定反應在眼睛上，因此，必須仔細地注視對方的眼神。

當然，這裏所謂的「最初的三十秒」，並非嚴格非三十秒不可。只是以三十秒的程度來拿捏罷了。

至於要岔開視線的方法也有其要領。首先絕對不可往「下」岔開。如果視線往下岔開和狗縮起尾巴的道理是一樣的。這在氣勢上會產生落敗的印象。

視線「往上」岔開也顯得不自然。所以，最好是往「旁邊」岔開。

雖然首先岔開視線，然而在此之前已注視對方良久的話，在氣勢上就不會落敗了。相反地，雙方也無法一直四目相對，而且注視過久恐怕會演變成向對方傳達「已經看清你的底細」的訊息。

以上所述是針對面談的開始部分。在結束時，以及與對方道別之際也應投以「我方很有自信」的視線。要領和面談前的情況相同。

叫住將要起身道別的對方，當對方轉身回頭之際，盯住其雙眼，向對方傳達「這件事就照我所說的那樣辦吧！」的訊息。要領是令對方措手不及無法適時提出回答，這個要領深具效果。

必須坐在靠近出口的位子

在糾紛談判時，也應留意「自己所坐的位子」。

其中最大的原則是絕對不可坐在遠離出口的位子。若有選擇位子的餘地，應該選擇接近出口的位子。理由很簡單，一有狀況發生可隨時逃命，同時也方便回家。

人處於糾紛談判之類令人感到恐懼的場合時，坐在裏側——偏離出口的位子——會產生一種「動彈不得」的強迫觀念。所謂強迫觀念就是壓迫感。在談判時若有壓迫感，無形中會顯得膽怯，很容易迎合對方的要求。

從這一點看來，背對牆壁的位子最不適合進行談判。

雖然遠離出口的位子並非眞的會讓人無法動彈，然而卻是難以活動。譬如，上洗手間等，稍微離開座位時，由於「對方」處於自己和出口之間，必須繞過對方才能外出，雖然這只是微不足道的事，然而卻很容易造成精神上的壓力。

所謂繞過對方，反過來說是尋找另一個出路。在「恐懼」中思考是要繞過對方的右側或左側前進，有時令人感到壓力重重。

「而且，一般人在站起來的瞬間常有無謂的擔心，惟恐對方會詢問「到哪裡去？」有些人只想到若被阻攔時的不快就難以行動了。但是，連這些細節都會感到擔心，就表示已經變得懦弱的證據。

連在此高談闊論的我也曾經有過和流氓談判時，被對方邀至內側的位子之後，結果心裡上產生極大的壓力。當一大堆兄弟們橫坐在自己與出口之間，即使實際上對方並無此意，仍然會感覺到「被阻攔了退路」。

從此之後，在糾紛談判的場合我必定讓對方坐在裏側。其中有些人根本無視於我的「作戰」，而只是隨意坐在出口的位子。這時我仍然會在口頭上說「請上座」，硬性誘導對方坐進裏側的位子。很巧的是，在我國傳統上裏側的位子是上座。

如果對方反過來勸解我方坐在裏側時，可以託詞說「不不，我何德何能啊！請您上座」。

這一點對於糾紛談判中，將被追究責任的接受者較爲有利。因爲，對方其實是佯裝顧客或被害者的立場前來。

注意談判時的姿勢

進行談判時，絕對不可採取畏畏縮縮或傲慢的姿勢。最好是坐在椅子的中央附近，挺直腰背，上半身微微前傾，雙肘擺在桌邊，雙手交握在下顎附近的姿勢，較能使人產生好感（參照插圖①）。

若採取插圖②倚靠在椅上的姿勢，是顯得極為傲慢自大的姿勢。態度傲慢的人經常會擺出這種姿勢，不過多半只是虛張聲勢而已。

實際擺出這個姿勢就可明白，雙手抱胸仰臥在椅上的姿勢是無法在腹部使勁，這時若要發動強烈的攻擊會失去魄力，同時，若被對方指控「那件事到底要怎麼辦？」時，很難在瞬間提出應對。

同時，仰坐的姿勢恐怕會令對方有「受挑撥」的感覺。如果因此而被指責態度不好，對以後的談判會造成不利。

相反地，彎腰駝背的姿勢更不好。如果淺坐在椅子前方很容易變成這種姿勢。插圖③彷彿是被對方責備的樣子。人在受到恐嚇時往往會採取這樣的姿勢。

　　①的姿勢不畏縮也沒有囂張的意謂，是最適合糾紛談判的姿勢。不過，這個姿勢應注意的是雙腳要打開與肩同寬。這是爲了預防遭受肢體上的傷害。

　　找碴老千中有些人爲了恐嚇對方，在談判中會突然站起來，更嚴重的是還會丟擲煙灰缸。爲了保護自己在這些事態中不受到傷害，最好適度地張開雙腳採取可以隨時應變的姿勢。這個姿勢會使下半身較有彈性。

　　附帶一提的是，如果被對方用物體丟擲，若無傷害，一般並無法構成傷害未遂或暴行未遂罪。如果對方一口咬定說「根本不是要丟人。只是半開玩笑地以後面的牆壁做射擊目標罷了！」警察也無可奈何。

有效的利用桌子的面積

桌子的面積對糾紛談判具有重大的意義。問題並非桌子本身的面積，而是與對方的物理距離。換言之，可以藉由桌子調整與對方的物理距離。基本上，與對方的間隔愈大較疏遠，間隔愈小愈有親近感。這個原理可運用在談判的現場——座位的配置。

令人感到恐懼的對方，或稍不留神即可能落入其圈套的對象等，原則上對於廣義的「危險人物」儘量保持桌面的空間是很重要的。

相反地，對於「容易說服」的對象，則要縮短桌子的寬幅。

桌子的大小並沒有明確的基準。一般而言，寬幅一公尺十公分至一公尺二十公分左右是狹小，二公尺以上較為寬大。處於中間者則是一般的距離。

因人數的多寡可能有在一個桌面，或併排複數的桌面進行談判的情況，如電視上常見的勞資談判。採用桌子平形排列的方法可使雙方保持若干的距離，因此，最適合與危險人物進行談判的情況。

若在一個桌面上與危險人物進行談判時，儘量利用橢圓形的桌子，而且坐在對角線上是最賢明的作法。首先先待對方坐好位子，自己再選擇與其成對角線的位子而坐。當然多角形的桌子也可以，不過，會顯得不自然。

當然，在一次的談判中並無法任意改變桌子的排列法或變更其寬幅，但是，每一次的談判的最初都要調整與對方的物理距離。換言之，首先利用寬幅較大的事務桌，隨著談判的進行可望和解或終止談判時，依序利用寬幅較窄的辦公桌。

以筆者而言，當對方漸漸順從我方的意見時，最後會挨進彼此的椅子，在「可以碰觸對方肩膀的距離」下進行對談。當然也可以不採取橫著桌面對談的型態，而坐在對方的旁邊。

當談判將近尾聲時，開朗地說「那麼就這麼辦吧！」或「這樣可以吧，總算明白了吧！」然後順勢拍一下對方的肩膀，對方就完全掉入我方的掌握。被隔壁的人拍了肩膀對方不會介意吧！

諸如這般，若考慮到連一張辦公桌可能造成的影響，不難發現談判場所的選擇，有多麼重要了。若在自己公司進行談判，當然可以任意準備辦公桌的大小或調整其配置。但是，一般的談判並不一定在自己公司內進行。

因此，平常就應仔細留意經常出入的咖啡店、飯店的餐桌、配置等，一旦碰上「談判」的場面時，隨著談判的階段選擇適合其條件的場所，可說是邁進成功的第一步。

談判中視線要投注在對方的鼻樑上，害怕時則看著對方的腳

所有有關談判的事，如何穩住自己不落入對方的圈套，同時是否能將對方納入掌握中乃是勝敗的關鍵。若對方掌握了主導權，我方將無法動彈，相反地，我方握有主導權時，對方也動彈不得了。所謂談判可以說是一種主導權的爭奪戰。糾紛談判更是如此。

接下來針對如何讓對方落入自己的掌握中，而無法掌握主導權的技巧做一番解說。

開始進行談判時，原則上要把視線投注在對方的鼻樑上。最初的三十秒要把視線投注在對方的雙眼，接著轉而注視其鼻樑。人的臉上有兩隻眼睛，一道鼻樑，所以，鼻樑的位置較容易集中視線，不過，由眼睛轉移鼻樑的最大理由是，人無法長時間一直注視對方的眼睛，同時，注視太久時會慢慢地產生恐懼。

也許有人會說眼睛和鼻樑之間只不過差距一、二公分罷了，有何差別呢？這是極大的錯誤。

雖然僅只相距一、二公分，然而事實上「鼻樑」並非「眼睛」。注視鼻樑時很顯然地是把視線投注在眼睛以外的部位，這是任何人一做實驗就可明白的。而且如果一直注視那個部位，對方會漸漸地產生動搖。當對方發覺我方所注視的並不是眼睛時，會覺得懷疑「到底爲什麼注視這個地方？」或心生恐怖。

有時在街道上或電車裡會覺得自己似乎被人注視著，而轉身一探究竟吧！相同地，一般人被他人專注地注視某個部位時，無意識中會察覺「被注視」的感覺。這時，若知道對方的視線是集中在自己的鼻樑，會莫名地感到一陣不安。其實對方極力地想要探索我方的意圖，然而我方把焦點集中在鼻樑上，對方可能因此而感到莫名其妙。

而且，雖然我方所注視的目標只是從眼睛轉移到相距一、二公分處的鼻樑，然而，知道自己並非注視對方的眼睛而是其鼻樑，多少會減輕內心的恐懼感。也可以說是因爲自己把精神集中在鼻樑上，而使其它意識變得稀薄吧？

如果擔心對方的視線會趁機進入自己的眼目而覺得恐懼，就放膽地看對方的雙腳吧！不是瞬間而是持續地注視。一般人被人注視三小時，會有說不出話來的感覺，同時，由於對方注視的部位與話題毫不相干，因此，會懷疑「難道要出其不意地攻擊我的腳？」而產生另一種恐懼感。

善加利用高、中、低音的聲調

糾紛談判中的聲音原則上是使用「中音」，最好是使用起伏平凡的談吐方式，高低起伏過度的談話方式，基本上並不適合糾紛談判。

中音而不刻意表現抑揚頓挫的語調，具有令對方感到「您所說的我都明白，我完全看清你在玩什麼把戲」的效果。以對方而言，將彷彿被聲音所束縛一樣。從這一點看來，多少和催眠術有些類似。

糾紛談判的專家，談判中會刻意使用聲質與音調。外行人也可以改變聲調的高低，不過，並非刻意地改變，而是緊張自然產生的變化。

譬如，感到恐懼時，一般人會大聲喊叫。這時所發出的高聲不帶任何意義，反而會向對方傳出「我要投降」的信號。

糾紛談判的專家如何使用其聲音呢？這一點頗值得學習。因為，反過來說，聽者也可以以其人之道還治其人之身。事實上我就是這樣。

首先來談使用低音的場合。無須贅言，這乃是為了恐嚇對方的一種手段。對黑道人物而言，向他人恐懼似乎是其生活的一部分，因聲音低沈的人似乎不少。

其中我認爲最擅長使用低音的是，那些專門在公司股東大會中鬧事的小股東，不過，有趣的是他們在其工作以外的場合多半以高音說話，在公、私之間有明確的區別，這一點倒頗令人欽佩。當然這是諷刺。

請注意使用高音時的情況。一般人雖然很難用低沈的嗓音威嚇對方，然而利用高音則辦得到。

通常筆者在糾紛談判的最後，會利用高音做最後的確認。換言之，在完全制壓對方或將要制服對方之前會使用高音。譬如，反問一句「可以嗎？」多半只憑這句話就將對方的氣燄制伏。

不論是低音或是高音，具有吸收對方注意力的效果。因此，若硬要把對方強行牽制在自己的辯詞中，以反覆交替使用低音、高音，增加高潮起伏的說話方式，更比只用中音的催眠更有效果。

使用中音而無抑揚頓挫時，會令對方陷入催眠狀態，不過，採用低音而無抑揚頓挫時，由於對方聽不太清楚，會極力地洗耳恭聽以避免有所遺漏。令對方將注意力集中在自己的談話上，可使談判往有利的方向進行。

隨聲附和會導致後遺症

有些人在談判時會頻頻地附和對方的話語，這種態度最要不得。會成為事後各種問題的導火線。

譬如，我方點頭時並不帶有「Yes」的意思，然而對方在事後若說：「以前你不是點頭了嗎？你該不會忘了吧？」會使自己的立場難以自處。點頭的動作雖然並非正確的「Yes」，卻無法否認「不反對」的事實。

的確，與人進行溝通時，若無任何附和的舉動，雙方的談話很難進行。因此，在糾紛談判的場合若禁不住想要唱合對方談話時，最好不要頻頻地點頭，或以含糊其詞的悶聲應話的態度。相反地，最好以「是嗎」或「原來如此」等曖昧的語詞回話。

因為，「是嗎」或「原來如此」並不等於「Yes」，而是向對方表示「您說的是這個意思嗎？」、「您的說詞我明白了」的意思。這並非強詞奪理，事實上我認為各位所要表達的也只是這些意思罷了。

但是，如果以悶聲應答或做無言地點頭，恐怕會變成是承認對方的說詞，這乃是因為法律上有所謂的「暗默的意識表現」。所謂暗默的意識表現——簡單地說，是指保持沈默就等於承認對方的說詞。

正因爲有這樣的法律常識，到了事後雖然一再地堅持「我並沒有點頭稱是，從來沒有贊同過對方的說詞」也行不通。

當對方逼問說「你不是點頭了嗎？」時，由於自己也認定當時的確有點頭的動作，因此在態勢上很容易落入被動的立場。鮮少有人會斷然地說「我沒有做點頭的動作」。

而更重要的問題是，在這個時候，一般人多半已經忘記自己爲何點頭。雖然承認自己有點頭的動作，卻不知是對何事點頭，當然無法據理力爭，反而給對方提供一個最好的攻擊材料。

百戰沙場的找碴老千會迴避個論而以總論做攻擊，譬如「雖然記不太清楚，不過整體而言我說的就是這回事，你應該記得吧！」——如果對對方的說詞我方又點頭稱是，一切就完了。因爲，對方的陰謀詭計已經得逞了。

請再一次回到原點思考一下爲何會對對方的言詞點頭呢？毫無疑問地，這乃是因爲自己在無意識中抱持著想要「配合」對方的情緒。在糾紛談判時，首先要捨棄這種情緒。

對方話多或要求儘早下結論乃是「畏懼反駁」

談判的對象形形色色，有人喜歡高談闊論，有人在事情還未解釋清楚就急著下結論。

換言之，就是喜歡反反覆覆說些不明究裡的話的人，或彷彿左派的演說者，話語滔滔不絕讓對方無法插嘴的人，或一開始就直嚷著：「我只是來聽結論，快回答！」之類的人。

這類人除了前者也許是頭腦有問題外（拖拖拉拉型），基本上都應看成「畏懼我方的反駁」。

對方也許是要利用迂迴婉轉的說法，使我方陷入五里霧中，也可能是利用威嚇的口吻採取不讓我方有任何機會做說明的作戰方式。

無論是那一種情況，我方若採取反駁，對方必定會困擾。因爲，藉由反駁可將話題主導權由對方轉向我方。

如前述，糾紛談判的攻擊者雖然擅長攻擊，卻不習慣於防衛。因此，若遭受攻擊即顯出弱勢。

會滔滔不絕地說些莫名其妙的事情的人，根本不需要費心應付。只要在適當的地方把談話結束。

同時，對於口若懸河論說不已的人，我方也應從某處給予進擊，否則將永遠落入對方的掌握中。如何岔開對方的談話其具體方法將在次項做一番說明。

即使對方單刀直入地要求「請立即提出結論！」也不需聽從。應該說「請仔細地聽完詳情說明。再做判斷吧！」把話題拖長。如果一開始就備妥對方所渴望的結論，在糾紛談判中並非良策。

在我方聽取事情的原委時，對方必定露出破綻。只要是莫須有的指控必定會出現破綻。對方是因爲擔心露出馬腳才想儘快達成協議。因此，我方只要反對方意圖而行即可。

換言之，以速戰速決對抗想做長期膠著戰的對方，而面對企圖速戰速決的對方則以長期抗戰對之。

有些人雖然明白這個原則，然而一到談判現場卻無法活用。這乃是凡事順著對方，有了這種要順從對方的意識，勝利之道自然遠離。

阻斷對方談話的方法

當雙方對談時，若有一方滔滔不絕地論說，另一方則很難從中插嘴。

電視上有一個頗受好評的節目叫做『撤銷韃旦的時況轉播』。看這個節目時可發現一個道理，在場發言的人總是固定那幾位，而不發言者則永遠不會發言。即使想發言，由於喜好發言者各個語氣尖銳地針鋒相對，根本沒有「插嘴」的餘地。結果只好保持沉默，等到司儀偶爾問及「××先生，對這一點有何看法？」才發表各人的意見。

其實有一個可以插入對方談話中的要領，這並不只適用於糾紛談判的場合，因此請各位務必謹記在心以備萬一。

這個要領是在對方吸氣時趕緊插嘴，再怎麼身強體壯、肺活量奇大的人，持續談話時仍然必須轉換口氣，說話者換氣的瞬間就是插嘴的良機。

一般人在吸氣的瞬間突然被人指責時，絕對無法立即反應。從實驗就可獲得證明。

由於人的呼吸有其頻率，因此，只要能掌握對方呼吸的頻率，在其換氣的瞬間插嘴並不困難。

最好的方法是事前配合對方的呼吸法，碰到恰當的時機再從中插嘴。當然，發現對方吸氣時就馬上切入話題，可能對方談話尚未告一段落，造成阻斷他人談話的不禮貌，有時會顯得極爲不自然。

與他人面對面相處時多半可以發現對方的呼吸頻率，如果還無法找出端倪的人可注意對方肩膀的動作。

插嘴時的聲音要採高音。不過，不可刻意的發出高音，因爲，即使不刻意發出高音，一般人的聲音也自然會變成高音。用低音插嘴是很難辦得到。

一旦插嘴之後最好口若懸河滔滔不絕地論說。因爲好不容易才奪回的發言權，要留意避免再度被奪取。儘可能持續說話十分乃至十五分左右，藉此才可讓被逐出談判外圍的自己返回談判的現場。

當自己滔滔不絕的論說時，要留意換氣的時間要拉長，如果過於短暫可能被對方依剛才的要領從中插嘴。同時，若一直換氣會給對方造成一邊思考一邊談話的印象，恐怕造成不利的形勢。

絶對不可讓對方洗腦

當置身於糾紛談判的場合裡，靜靜地傾聽對方的辯詞時，往往會產生一種把對方的強詞奪理以為是正當申訴的錯覺。尤其是對方採取沒有抑揚頓挫的中音論說時，這種傾向尤為顯著。

前面筆者曾經提過，一名自豪「我會催眠術」的找碴老千的事例，一般而言，對方的強詞奪理很難會被認為是有理的申訴。會產生這種錯覺的人可說是中了對方催眠術的緣故。

所謂糾紛談判中的催眠術，並非詐欺師經常施展的誘人進入睡眠狀態的性質，而是覬覦精神上的洗腦效果。筆者曾聽說某些旁門左道的新興宗教以佈教活動為名，將某特定對象的人帶入一種「罐頭狀態」，藉由從早到晚傾聽同樣的教義給予洗腦。

找碴老千們的洗腦手腕基本上和這些是一樣的。換言之，藉著滔滔不停的論說使對方的精神處於舒適（？）的疲勞狀態。使對方深信「這個人所說的話是正確的」的作法。

糾紛談判委實令人厭惡，談判的對方也委實令人恐懼。因此，如果說些不該說的話而刺傷對方，恐怕事情會愈弄愈糟。基於這樣的意識，才會只聽從對方的談話。結果很容易被對方洗腦。

催眠術總有一天會甦醒，而糾紛談判的場合是當對方離去時催眠自然就會解除。若在催眠狀態下，對於對方的說詞僅止於心中認爲理所當然倒無所謂，然而很可能一疏忽而答應對方的要求，造成無法挽回的局面。這和中了詐欺師的催眠術，而驚慌地慘叫著我的內衣在那裡的女性是一樣的道理。若在糾紛談判中一旦有答應對方的言詞，事後無法以一句「怎麼可能！」就解決得了的。

爲了避免洗腦的危險，應該「斷絕」對方的長篇大論。換言之，是要阻斷對方談判的流程。只要斷絕其流程就不會落入對方的圈套，擾亂對方的談話流程其目的之一就是爲了這個緣故。

接著我們再返回前項的「阻斷對方談話的方法」。有趣的是當人一旦產生想要「插嘴攻擊」的意識時，對他人的言詞就再也聽不進去了。因爲人的全副精神全集中在什麼時候該插嘴的問題上。

換言之，凡事都以自己爲主體來思考時，就可減少被洗腦的危險。自認爲自己是小心謹愼的人或經常擔心會不會被對方的甜言蜜語所謊騙的人，尤應謹記這一點。

視破對方的虛勢

我再三提及，糾紛談判是令人恐懼的事。但是，不論主客，雙方多少都具有這樣的心理。

因爲，最清楚糾紛原委的——事實上是無理要求或藉故找碴之類——是他們自己。他們多少具有一些「愧疚」。不過，應該說是「抱有做不正當的事的意識」吧！

雖然「做不正當的事」是他們藉以爲生的買賣。不過，仍然具有「爲惡」的意識吧！這種人不可能在談判時心無畏懼，他們也會害怕一旦搞砸了，恐怕會吃上官司坐牢。

姑且不論外行人面對糾紛談判時的舉止爲何，故意找碴者在糾紛談判中所表現的言行舉止多半只是虛張聲勢。虛張聲勢也是他們的生財方式之一。

因此，糾紛談判的被動者，絕對不可受他們的虛勢所矇騙。

半調子的找碴者尤其會表現出誇張的虛勢。有些人囂張起來甚至覺得把雙手交抱仰臥在椅子的姿態還不夠威勢，還把雙腳大大方方地擱在桌面上。面對這種態度的人，一般人會心生畏懼而在談判中被其氣勢所壓。其實，對於這種無聊的舉止，儘管視若無睹。

這時如果向對方說「先生，那是桌子啊。可不是放腳的地方喔！」這一句話就足以給對方當頭棒喝。

對方會突然大聲地怒吼。有的人在這瞬間會嚇破膽。因爲，他們並不習慣於這樣的場面。但是，以找碴老千而言，這乃是他們慣用的伎倆，也可說是維生的演技。

因此，我們所應抱持的並非臆測「他們也許會大聲怒吼、胡亂咆哮吧」的心態，而是帶著「他們大聲嚷嚷乃是理所當然，咆哮是必然的行爲」的感覺。

「虛」的相反是「實」。其實有不少找碴老千因爲內心的恐懼，以大聲咆哮或表現出粗暴的舉止來掩飾。而眞正上道的老千絕不會亂吼亂叫。他們恐嚇人的手段會更高明。

不論如何絕對不可將老千的虛像與實像混爲一談。請記住眞正的公式並非「怒吼↓害怕」而是「害怕↓怒吼」。

即使事情並非如此，只要抱持這個觀念，我方在精神上則處於優勢。

對面露忠厚老實相的人愈要警戒

在談判時會表現出沉穩的態度商應對策的人愈要提高警戒，可惜一般人往往弄錯這一點。一般人會將帶有紳士風度、有時甚至給人過於謙卑感的人物當成是「有話好說」型的人。其實這才是眞正的危險人物。

態度舉止謙卑、表現出紳士風度，應解釋爲自信的表露。請各位單純地想想，若是被害者（即使是佯裝）一般人理所當然會發怒。所謂糾紛談判本來就是因爲自己的受害，而前來「抱怨」，而一開始卻表現出忠厚老實謙恭有禮的人必定是「來頭不小」。

表現出紳士態度若只是當事者個人自信的表露倒無所謂，然而一流的老千會把它當成一種戰略來使用。

經驗愈粗淺的談判負責人，愈容易輕忽態度沉穩而老實的談判對象。連女性也會對之嗤之以鼻。但是，當對方途中突然脫掉紳士的假面具，裸露出其兇惡的本性時，會使人心驚膽跳而顫抖不已。甚至有人還失禁。

也有因爲剛開始以傲慢的態度應對，而造成小事演變成糾紛的例子。

女職員最忌諱碰到這種類型的找碴者。當對方突然的大怒而大感驚訝時，把以往自己說過的事和對方指責的話全部忘得一乾二淨。結果被對方牽著鼻子走。

最具典型的是，首先和訪問者接觸的女性櫃台，剛開始以輕蔑的態度向對方謊稱「負責人今天休假」，卻被對方一反紳士態度地責問「眞的不在嗎？」而變得臉色蒼白。

這時，對方若大聲怒吼「其實在公司吧！」時，他已經除了直接傳達給當事者之外無計可施。即使被對方要求「帶我去見董事長！」也難以表示拒絕。結果讓公司蒙受無謂的重大損失。

在此所提的是女性櫃台的例子。其實，在男性之間也有許多類似的例子。

在糾紛談判時，面對一開始擺出忠厚老實態度的人應該抱持疑問。因爲，他們這副忠厚老實的外表正是其實力的表露，其沉穩的態度正是所謂的「暴風雨前的寧靜」。

單槍匹馬前來談判者不是行家就是門外漢

如前所述，糾紛談判不可單槍匹馬，應複數人一起處理。這個道理對談判的雙方皆然，鮮少碰見敵人單槍匹馬地前來談判。

話雖如此，然而也有人會獨來獨往。這大致可區分爲兩種類型。

其一是膽識過人者或糾紛談判的大老千。如果沒有相當的氣度，是不會獨自踏進對方的「家門」。

另外一種類型是不懂得畏懼的人。這種人稱不上氣度宏偉，而是匹夫之勇，並沒有多大的實力。可能是十足的門外漢。

除此之外，對方多半會二人以上前來談判。反過來說，即一般都以複數前來進行談判。然而，若是談判的大老千，則可能單槍匹馬前來。應付這種人必須嚴加戒備。

除了大行家或經驗淺薄者，一般的找碴老千會成對地前來演一齣戲。也可以說是爲了演這齣戲，至少需要二人以上來談判。

首先我們來談如何分辨單槍匹馬前來我方陣營者，是大行家或是外行人。

當然事情不可一概而言，不過一般的傾向是，大行家會以和緩的態度來安排首次談判的日期（或時間、場所）。換言之，他們會採取「最好儘早談判，不過貴公司也有你們的方便。」之類的態度。相對地，外行人會表現出想立即談判或迅速解決問題的傾向。有關談判的事宜多半不會顧及另一方的方便。

第二，大行家在談判時所表現的態度、舉止，一開始顯得極爲柔和，遣詞用句也非常恭敬。聲音的音質顯得低沉，整體的語調極爲和緩。

而外行人正好相反，由於火冒三丈，很容易演變成以高音大聲咆哮的場面。而且，會性急地要求「Yes」或「No」的回答。

第三，大行家不會讓自己的要求被我方察覺。外行人的要求多半「顯而易見」，而且很早就提出要求。

以上是大行家與門外漢大致的區別法，不過，也有無法藉此區分的例子，在實際的辨別上必須慎重小心。

佯裝「毫不畏懼」反而失敗

有些人也許內心恐懼不已，仍然會極力地掩飾。

東方人也許是民族性的關係，常有「逞強」的態度。若是外國人一旦害怕，就會表現出害怕的樣子。

逞強地佯稱毫不畏懼，只是無謂的抵抗而已。因爲，找碴老千們立即看穿我方是否已經感到畏懼。

對自己而言，內心害怕卻佯裝毫不畏懼是一種損失。因爲，對方看見我方佯裝不害怕的樣子，會採取更令人畏懼的手段。因此，害怕時最好老實地說「我很害怕」。如果覺得自己說出很害怕有失男人的體面，不妨用態度表現。總而言之，只要告訴對方自己已經害怕的事實就行了。

黑道人物即使現在沒有做出任何可怕之事，卻仍然會讓人有「事後不知有何問題？」之類莫名的恐懼。有這樣的感覺也可以表示出來。

另外，因逞強佯裝不害怕而受損的是「既然不害怕，恐嚇就不成立」。

為了防備糾紛談判演變為刑事事件的狀況，談判負責人必須持有被脅迫的事實，為此前面筆者雖然建議可用態度表示內心的害怕。但是，儘可能還是用言語說出自己害怕，這對事後較有助益。

從前，筆者曾經因為一場勞動糾紛被黑道團體威脅。當時我反覆在三地告訴對方的代表，自己內心的害怕，對方並沒有停止威脅，最後演變成「事件」。

糾紛是否變成事件，最重要的關鍵是申訴狀的內容。雖然我已經忘記當時的詳細內容。然而，我在申訴狀所申訴的大概是下列的內容。

「我在與對方談判的過程中，不時感到恐懼。因此，再三地懇求對方手下留情。然而對方仍然一再地威脅，甚至揚言傷害我的家人。到此地步我的恐懼已達頂點。」

在此不談我個人的事件，以一般的情況而言，這時對方為了脫罪必定反駁說：「我根本不是有心要威脅他。」事實上以對方的立場而言，並沒有做什麼違背天理的事。儘管如此，害不害怕（是否感到恐懼）乃是我方的「自由」。

極端地說，即使不害怕也應說「害怕」。

不要怕對方發怒。儘量讓對方發怒吧

有些人執意避免讓對方發怒，但是，我卻對於何以有這樣的想法感到不可思議。糾紛談判時，若對方是「爲討回公理」而來。換言之，是來發怒洩氣時，應對的人卻不讓其發怒，這根本是無理的要求。

當然，也不可完全說是無理。不過，的確是相當棘手的事吧！糾紛談判本來就讓人覺得麻煩，所以我始終認爲不需要在這麼困難的事上再惹出糾紛。話雖如此，卻有一個使對方不會發怒的方法。到底是什麼呢？

我想賢明的讀者已經知其所以然了。那就是完全聽從對方的要求。但是，以本書的旨趣而言這已不在此論了。

面對前來發怒的人，儘管讓他發怒。儘量讓對方把怒氣發洩出來。因爲，硬不讓對方發怒，反而會造成各種問題。

如果對方的發怒純屬演技——換言之，對方是故意來「找碴」——這時儘量讓對方徹頭徹尾地把原由細說清楚，然後再採取突擊其矛盾點的方法。同時也可採取「令對方發怒而佯裝害怕的樣子」的戰法。

假設談判的對象是外國人，並非演技而是眞的動怒時，這時也不要刻意地平撫對方的怒氣，應儘量使他發怒，這對以後的談判進行較爲有利。因爲，對方在充分地發怒後，事後會彷彿火山的噴火一樣地自然熄火。人並無法如烈火般地大發雷霆。

以問題並不複雜而屬於偶發性的糾紛而言，讓對方盡情地發洩其主張至多也只有二分鐘。談判行家也頂多只有三分鐘。鮮少有人超過這個時間。

過去筆者曾經針對發生交通事故時，單方最初的解釋所花費統計調查。答案是「平均約二分鐘」。即使後來還有不斷地牢騷，其內容則是同樣事情的反覆而已。

「不讓對方發怒」的想法會變成對對方的唯命是從，成爲暗中和解的伏線。其實沒有比暗中談判更醜陋的事情。

「即使激怒對方也無所謂」的想法會使人在精神上覺得輕鬆，也能因此而適時表現出強硬的態度。這種情緒上的充裕感，才是促成談判往我方有利狀況下進行的原動力。

警察並非解決糾紛的萬靈丹

當糾紛談判陷入膠著，因對方的脅迫、恐嚇，而使整個糾紛染上刑事色彩時，其間的處理光憑一名談判負責人是無法應付的。碰到這種狀況，最後也許必須仰賴警察的協助。不過，把問題交給警察時應該有相當的準備。這時必須有足以證明糾紛已成「事件」的詳情資料。有關這一點已在第一章詳細說明。

在糾紛談判的現場請來警察並非良策，同時也不具效果。雖然警察前來現場，可讓談判老千暫時變得安靜。但是，當警察辦完公事離去後，對方又會裸露出本性。非但如此，還可能因為呼叫警察前來而變得更為兇悍。

如果因對方粗暴的舉止而有肢體的受傷，則另當別論，不過，一般而言，在糾紛談判的現場，對方絕不可能會有所「錯失」。而且對方也不是傻瓜，他們早已具備如何不被逮捕的智慧。

當警察前來時，他們會這說：

「這個問題純是『民事』問題。為什麼警察要從中介入呢？」——這是在這種狀況下他們慣用的語氣。接下來他們還會和警察做型式上的往來應對。

警察說：「可不要恐嚇對方哦！」找碴老千：「我怎麼可能做這種事。我還眞有點意外您會這麼說呢？」警察：「嗯。總而言之，儘量和緩地商量吧！」找碴老千：「是的，這點我非常清楚。」

結果，當警察從眼前消失時，找碴老千隨即面向談判負責人恐嚇地說「這是搞什麼鬼！」各位應當記住，警察的職物基本上並非糾紛的調停者或仲裁者。

即使暗示對方在緊要關頭會請警察介入，但這對找碴老千們是產生不了任何抑制力。他們非常清楚警察並不會積極地插手這種事件。

不過，如果我方要求「請回去」，而對方執意不歸時，就可構成犯法。因爲，他們已經觸犯了不退去罪或妨礙業務罪。被對方強行闖入住宅時，也可以不退去罪申訴。

另外，有些人會打恐嚇電話到家裡，這時儘量由家人出面應對。一般而言，家人都會由於害怕而不敢接電話。但是，一旦家人也遭受威脅，則對「事件」本身是極爲有利。另外，這時應該將電話錄音以備不時之需。

不要露出想要儘早結束談判的氣氛

糾紛談判若以時間劃分，可區分爲「短期決戰型」、「長期戰型」、「中間期型」，其中最不好的是長期戰型。

我曾經說過，當對方企圖短期決戰時則以長期戰對抗。但是，對方若以正統的方式前來談判，根本無需勉強地以長期戰對抗。

長期戰不但在時間上、精神勞力上或金錢方面對我方都有極大的損失。

本來，時間長短的概念是相對性的，但是，糾紛談判的場合，原則上是以速戰速決爲宗旨。其利點是長期戰弱點的反面，亦即在時間上、金錢上、體力上都可減少我方的負擔。

姑且不論對方是否急躁地想尋求結論。我方應隨時準備應戰以決勝負，但必須謹記「欲速則不達」的教訓。

在此還有一個千萬不可忘記的重要事項，那就是千萬不可表現出「想儘早結束談判的氣氛」。內心想要提早結束談判倒無所謂，因爲，只要是糾紛談判的被動者都會有這種想法。但是，若讓對方察覺這種心態，會令對方有機可乘。

對方會認為「原來這傢伙已感到不耐煩了」或「感到害怕了」時，而故意把談判拖長往向他有利的方向誘導。而為了達到這個目的會使出各種花招。

譬如，在我方提出結論——拒絕對方的要求——之前，對方會說「今天沒有時間請回吧！」巧妙地將結論拖長。也有人會一再地上洗手間故意岔開我方的話題。正如本書開頭所述，在糾紛談判的場合，雖然我方處於「被動」的立場，然而在精神上必須壓倒對方。若沒有精神上的強勢氣勢，則無法戰勝一切的糾紛談判。

總而言之，當我方渴望短期決戰時，對方也會以長期戰對抗。換言之，必須顧慮雙方所雷同之處，並揣測對方的心意。從這一點看來，糾紛談判可以說是彼此交互地裝扮狐狸。也正因為如此，其中所展開的論戰是虛虛實實的拉鋸戰。

拒絕不需要任何理由

有些人會想盡辦法去說明「辦不到的理由」。譬如下面的情況。

「不，我們是想這麼做，但是非常困難……。」

「敝公司在能力上恐怕辦不到。」

「因爲我們的規則是這樣，所以……。」

非常熟悉如何巧言應對的知識階層，常有如此的應對方式。

在糾紛談判中，以另一種表現來回答對方的要求並非良策，如果我方所舉出的各種「辦不到的理由」被對方一一地以消除法除去後，會被迫處於不得不接受要求的立場。一再地說明，最後只會使自己走上絕路。

縱然有再多的理由，總有一天會落得黔驢技窮的地步。當手上沒有王牌時只好舉手投降。另外一個不好的原因是，對方也會想盡辦法否定我方所提的理由，結果，話題一直在原地打轉無法有進一步的進展。

非但無法前進還有後退的可能。因爲，一旦被逼上絕路時，不禁會產生向對方讓步的情緒。糾紛談判時最忌諱的是，以迂迴婉轉的方式陳述事情，把一件事情用錯誤的言詞表達，所得的結果更糟。

前者多少還具有擾亂對方思考的效果。但是，後者則會令人覺得「我方是在強詞奪理」。在糾紛談判時，即使眞的有許多「辦不到的理由」，但是仍必須具有以一個理由貫徹到底的信念。

如果我方堅持「敝公司在能力上辦不到」這一點，對方則無法找其他藉口做攻擊。

假設有一個人向許多人借錢，有一次，債權人群起到他的住處討債。如果當時他身無分文，只要如此回絕「雙手空空也無可奈何」——根本不需要說明其他的理由。因爲，根本不可能無中生有。當我方以唯一的理由貫徹到底時，即使談判沒有任何進展也無所謂。因爲，談判沒有進展而感到爲難的是對方。這時我方所處的立場將穩若盤石。

與其使用姑息的手段，不如反覆地強調同樣的言詞較具效果。

堅持自己乃是最終的責任者可封鎖對方的攻擊

以前，筆者在日本曾經處於糾紛談判場合的「加害者立場」。那是某公立醫院對我從事違法的行政指導。

我立即到市政府的相關部門申請「請給我一份指導確認書」。結果，一位彷彿是該部門的資深職員說：「没有這種東西。」

事後回想起來，那名職員也許認為只要是政府機關所說的事，任何人都必須唯唯諾諾地順從，不料竟然還有人給予反駁。所以大為慌張的樣子。

我問他：「你是負責人嗎？」他說：「我是負責這方面的事務卻不是負責人。」

於是我把所接受的行政指導的詳情，及與該部門職員接觸的內容做好詳情資料，呈遞給更高一級的縣府醫療課。在這個地方也没有獲得結果，於是最後我直接向縣政府提出申訴。

結果，這個問題最後是行政方面認輸。雖然「指導」方面並無法律的根據，不過，有關筆者這項申訴到承認是行政上的違法。

總而言之，問題到此結束。不過，如果當初我到市政府的行政部門提出申請時，出來應對的人若斷然地告訴我「我是這個問題的負責人」時，事情能否這麼順利解決就不得而知了。其實明白所受的行政指導確實是違法，乃是把這個問題呈遞到上級（由我呈遞）之後的事。

如果負責人強硬地堅持「我是負責人，即使告到上級結果也是一樣。」我根本無計可施，既然往上級呈遞也只能獲得同樣的結果，等於是所有攻擊的路線都被防堵了。

當行政窗口的負責人毫無「迴避」的姿態，而強硬地說「我擁有談判的全權，有關這個問題由我全權負責」時，對方要突破這一關可就難上加難了。

如前所述，尤其是以找碴老千爲對象的情況，根本不需顧慮自己是否擁有談判的全權。當然，不需顧慮這句話有些語病。不過，若唯有如此才能擊退對方也只好這麼說了。

當話題愈扯愈大、越往上層發展時，不僅是個人，對公司、團體（整體）造成的傷害將越來越大。

在糾紛談判時，最重要的是認定自己是無可取代的責任者，並從頭到尾貫徹這樣的信念。若以如此堅定的態度仍無法應付時，則如前述的方法再請律師出面。

若在己方進行談判要提出會談人數的限定

進行談判時應嚴格限定人數，尤其是面談場所是在己方的狀況——在自己公司進行談判乃是糾紛談判的原則。不過，往往有意外——若不限定人數，恐怕造成無法收拾的場面。

人在衆目睽睽之下，一旦被對方極力地抨擊時會心生膽怯。即使並非處於「被包圍」的狀態，而只是「面對面」也會產生同樣的情形。

由於一般人糾紛談判在內心深處帶有「令人討厭、想要迴避」的意識，因此，有不少人一看到對方人數衆多，立即心生畏懼。一開始若顯現出畏懼則無法獲勝。因此，爲了減輕心理上的負擔，在事前應限定談判時在場的人數。

雖然在事前告訴對方參與談判的人數「幾人爲止」，然而對方可能不遵從這個規定，這時可以明白告訴對方「如果人數不在幾人以下，不會談」，向對方斷然地拒絕。在糾紛談判的場合必須具備如此強硬的態度。

這時一點也不需要添加「敝公司的會客室過於狹窄……」之類的理由。因爲，已經告訴過對方若未幾人以下則不會談。所以，對方若不守規定當然不會談。

也許對方會氣勢凌人地叫囂「拒絕談判嗎？咦！」這時要明確地回答「是的」或「您這麼認爲也無所謂」。總而言之，要貫徹強硬的態度到底。如果對方說「拒絕是什麼意思！」可如此地回答：

「有關這次的談判本來就非由我方所提出。而是你們擅自要求和我們談。如果你們浩浩蕩蕩的前來會妨礙我方的業務。」

在言語中暗示對方已經帶有妨礙業務的嫌疑時，對方多半會變得乖順。因爲，以他們的立場而言，如果不和我方進行面談，根本無法達成目的。因此，即使心有不甘也會接受人數限定的要求。

若在對方陣營或不屬雙方勢力範圍的場所進行面談時，限定人數即無法達到效果。對方之所以要派出多數人到場，乃是有兩個主要的意圖。其一，利用人數壓倒我方的氣勢；其二，是藉由輪番上陣的質問，使我方没有發言的機會。

筆者過去曾經有一次和一百五十位對手當場對峙的經驗。我的伙伴嚇得渾身顫抖，但是，我卻把眼前的對手全都當成烏合之衆。事實上想要以衆敵寡的人都是烏合之衆，當有這樣的念頭時內心的恐懼感自然減輕。當時面談的約定是一個鐘頭，而我個人大談闊論了整整五十九分鐘。在對方盛怒「搞什麼鬼，一點也不聽我方的說詞？」之時，所剩的一分鐘已過。因此，我們站起來說「對不起，失陪了。」迅速地打道回府。這是氣勢使然。

確認對方的名片

在第二章，筆者曾經提及事前調查對方的重要性。這時，必須確認對方是否和名片上記載的是同一人。因爲，有些非法之徒會利用他人的名片前來威脅。

曾經有過這樣的例子，某公司的一位高級幹部，以個人的名義向客戶借款。由於這筆款項無法償還，那位高級幹部爲了避風頭而行蹤不明。

也許他本來就無意償還吧！因爲其借貸的方式極爲巧妙，借款單是由打字行代打，而且還以該公司的董事長做爲保證人。既然是打字機所做成的文件，當然沒有任何筆跡。而由於其職位的關係，董事長的印鑑隨手可得。

由於借貸者已經行蹤不明，債主當然找到身爲保證人的董事長。這時對方由代理人出面進行談判。而那位代理人是頗負盛名的黑道人物，正確地說是某幫派的幹部。

董事長一看見對方所拿出的名片，隨即混身顫抖「碰到這種人註定要吃虧了……」。

但是，途中被央求協助這個問題解決的我，重新做一番調查時，才發現根本沒有名片上的人物。名片上所寫的集團的確存在，而其住所也正確無誤，只不過名片中的人物是假冒的。總而言之，那名代理人是使用仿冒的名片。

雖然我已經明白其中的騙局。不過，我沒有立即揭穿對方，我只是藏住王牌。當談判漸入佳境時，我突然說：「您的事務所附近我也非常清楚喔！」時，對方的臉色立即大變。接著我又說：「對，那附近有什麼啊，好像是——」對方似乎已經察覺自己的騙局已經被拆穿而變得乖順。結果，代理人中途退場，改由正式的債權者和債務者（純屬於打字文件上的）依法進行談判。

雖然名片上記載有連絡住址（公司、事務所、住宅等），然而卻威脅不可打電話過去的人，首先應該懷疑其名片也許是僞造的。爲了避免騙局被拆穿，必須令對方感到恐懼而使對方唯言是從（不讓我方向對方連絡）。從這一點看來，談判時若不提示說「全由我方主動連絡，你們只要等待我們的命令。」的人物也是極爲可疑的。

若名片上沒有連絡的住址，只有電話號碼、或只記載行動電話、或呼叫器電話號碼的人，也應特別留意。

談判中絕對不可喝茶、抽煙

糾紛談判進行中最好不要喝茶或抽煙。

也許嗜煙者會反駁說，在糾紛談判如此緊張的場面更需要煙的慰藉，若無香煙實在無法自我控制。這個道理我也明白，因爲從前我也是癮君子之一。

人一旦緊張，很容易伸手去拿茶水或香煙，這是無法否認的事實。不過，若陷入過度緊張狀態時後果會如何呢？最後的情況是，雖然伸出手來，卻出現因手指顫抖而弄倒茶水、無法點燃火柴棒、打火機等現象。

當對方察覺我方緊張感時，就會趁虛而入。對方會認定若使我方更加緊張必使我方自尋滅亡（唯他們之言是從）而趁勢大舉進攻。爲了避免表現出過分緊張，在糾紛談判中最好不要喝茶或抽煙。

其實，最好不要喝茶還有一個更重要的理由。那是因爲喝茶時的「氣氛」很難和威脅或恐嚇連接在一起。

前面說過，糾紛談判的被動者若能把對方的行爲和威脅、恐嚇連接在一起，自然能掌握勝算。

譬如，在對方陣營進行談判，而對方端出茶水與糕點招待。假設我方吃了這些點心，後來談判陷入膠著而無法離去或想離去卻歸不得。事實上這已構成妨礙自由。當事者確實被監禁了一段時間，於是出來後立即向警方報案說「我在某處被監禁」——。

警方開始進行搜證。而對方這時必定會如此反駁「我們還拿出茶水及蛋糕招待喔。對方也確實接受了我們的點心。在這麼友好的氣氛中那是什麼監禁？」

雖然這聽起來像是一則笑話，事實上卻眞有其事。各位必須謹記現實上的確有這種事情發生。

另外，某找碴老千在談判的最後，強迫與受其脅迫的對方一同拍照，當糾紛變成訴訟鬧上法庭時，那名找碴老千則以那張照片做證據，強調自己根本沒有威脅對方。

在與專業的談判老手進行糾紛談判時，也最好避免由我方拿出茶水招待對方。

理由和上述的一樣，事後很難主張對方有威脅、恐嚇的行爲。因爲這種場面已經變成「歡迎光臨」的形勢，會令人以爲我方有意討好對方。而且，當對方激動起來時恐怕會拿起桌上的茶杯或煙灰缸等丟擲過來。

反用抖腳的攻擊法

一般的害怕只會使心臟跳躍不已，但是，陷入極度的害怕時，多數人會反應在「腳」。於是產生了抖腳的動作。

雖然筆者在本書中自鳴得意地高談闊論，其實，不論多麼經驗老道的人，面對糾紛談判仍然會害怕的。認爲糾紛談判並不足畏懼的人，恐怕少之又少吧！也許世上根本沒有這樣的人。

不過，我認爲害怕並無所謂，要緊的是要知道如何緩和內心的畏懼，如何擺平當場的氣氛並使自己的情緒鎮定。

我也經常會有抖腳的動作，在膝蓋附近會發生明顯的顫抖。

筆者一再地強調要以複數人前往糾紛談判。所以，我的身旁多半是聘我當顧問的雇方的人。如果讓雇方的人看見我抖腳的動作，而被認爲「這個人已經害怕了，一點也靠不住」不但顏面盡失，連飯碗也保不住。

因此，碰到這種狀況我會故意地大力搖擺雙腿。換言之，並非顫抖而是刻意地把顫抖傳遍全身，結果變成用腳踩在地板上吋吋作響，好像打拍子一樣有固定的頻率。

全身的擺動並非由於身旁有雇方的人員所造成的，乃是爲了表現給對方看。這純屬一種表演，不過，對方看見這個動作多半不會認爲那是「害怕的顫抖」，而會解釋爲「心浮氣躁」或「生氣」。

有些對手甚至會誇大地解釋我的動作誤認爲是「自己的威脅非但無法使對方感到恐懼，還造成對方的不快，眞是個棘手的傢伙。」若演變成這種狀況，情況可妙極了。

爲了矇混因害怕而擺腿的動作，故意全身顫抖時，對方曾經如此對我說：

「啊，請不要這麼心浮氣躁嘛！」

我哈哈大笑地說「不，失禮、失禮。這件事您明白了嗎——。」

這時，連自己也發覺精神上的負擔減輕許多，而在霎那間腳部的顫抖也停止了。

從某個角度而言，所謂糾紛談判是言詞上的爭論。雖然談判時不可說謊，不過，這也必須視情況而定。另外，當自己的雙腳擺在桌下對方無法看清楚時，並不需要刻意地做這些演戲。若腳部的顫抖不會傳到上半身，儘管盡情地顫抖吧！

自我鬆弛的方法

據說在衆人前很容易緊張的人，事前在手掌上寫著「人」字，然後做出將人字倒進嘴巴的動作，再到台上說話。這是自己認定「這樣我就不會緊張」的一種自我暗示，聽說連小學生也知道這個秘訣。

在糾紛談判時可應用這種理論，換言之，自己應該預備一些可使自己不感到恐懼的方法。自認爲膽小的人，更需要準備幾個使自己不恐懼的方法。

由於工作的關係，筆者常有演講的機會，在早期由於經驗淺薄，要我在人前說話總會讓我感到棘手。但是，我自幼有一個怪僻，當手插進口袋撫摸肚臍附近時，卻會變得意外地沉著，於是我曾經試著將這個怪僻應用在演講的場合。結果確實達到了效果。

因此，我也試著在糾紛談判時利用這個怪僻。果然又成功了。令自己覺得鬆弛的方法竟然也能利用在使自己不感到怯場的場合，同時也是克服內心恐懼的手段。

另外，筆者在糾紛談判之際經常使用的是脫掉鞋子裸露雙足的方法。

不過，在衆目睽睽之下做出這種動作委實失禮，因此，我也是當下半身隱藏在桌面下時才做這樣的動作。

由於對方不明究裡，當然不足爲奇，不過，我的伙伴卻感到相當震驚。但是，在這種場合已顧不了這些瑣事了。因爲，這是爲了對抗對方氣勢的一種自我暗示罷了。

擺出這些動作時，我自己會覺得「自己穩若泰山」，這雖然看起來有些傻里傻氣，不過，在糾紛談判的過程中，從脫掉襪子的時候開始，自己內心已經產生類似「絕不後退」的決心，這反而變成我個人精神上的支柱。

從經驗中我得知最適合使自己鬆弛的方法，同時這個方法也是能緩和緊張、克服恐懼的最簡單聰明的武器。

不過，有一個絕對不可嘗試的作法。那就是把兩個核桃揑在手掌內以使自己鬆弛的方法。因爲，在雙手間按壓核桃時非常吵雜，會觸怒對方，同時，因爲這是爲了緩和自己的精神緊張，因此恐怕會被對方看穿自己內心的膽怯。

當必須在臨陣中緩和自己的緊張情緒時，使用較具獨特性的作法較能產生嚇阻對方的效果。

懦弱者應在近期設定下次面談的時間

生性愈懦弱的人愈具有把下次面談的時間往後拖延的傾向。而一般人也多半會將談判的日期往後設定。因爲，畢竟糾紛談判是令人討厭而畏懼的。

人會產生這種情緒是理所當然的。不過，對生性懦弱者而言，下次面談的時間訂得愈早愈好。

也許有人認爲此乃一派胡言，然而事實卻是如此。因爲，談判的間隔拖長時，生性懦弱者可能會因承受不住精神上的壓力而崩潰。

一想到「下次還要和令人討厭的人碰面……。」他們的心理就會產生極大的負擔，而這個心理負擔隨著時間的經過，會日漸擴大。

造成心理負擔增大的元兇是「時間」。換言之，他們會擴大想像對方形象，所以有太多的充裕時間反而不好。

我的周遭就有數名因擔心下次糾紛談判所形成的壓力折磨，造成歇斯底里或染患十二指腸潰瘍。若是輕度的胃潰瘍，其數更是不勝枚舉。據說，持續過度緊張的狀態時，胃液的分泌若停止三分鐘，胃壁便會形成小洞。所以，只經驗過一次糾紛談判就可使原本有胃潰瘍的人的胃壁穿洞。

基於上述的理由，筆者認為承受不住壓力的人，原則上應該在近期設定下次談判的時間。雖然進行談判仍會給人帶來壓力，不過，這種精神壓力比起兩次談判期間過長的情況較為減低。

相反地，自信滿滿「來者不拒」類型的人，應當把下次談判日拖遠一點。這種類型者多半具有以凡事都直搗黃龍的態度面臨談判的僻性。雖然其氣度及勇氣值得讚許。但是，糾紛談判中仍應具有最低限度的慎重，同時也需要事前的準備。

然而距離下次面談的時間過長時，對方會感到焦躁不安，人一旦焦躁就很容易犯錯。對我方而言，對方焦躁對我方是有利。

當然，對方也有權決定面談時間的權利，所以並無法完全依我方的意思而定。因此，間隔多少時日最為妥當，這是無法一概而言的。

不管間隔多久，絕對不可放棄決定談判時間的主導權。而且，這時最好在精神上儘量以順其自然的態度處之。

結局好什麼都好

糾紛談判是「結局好什麼都好」。

在此之前我反覆地主張絕對不可向對方妥協、不要擺出和善的臉色、一開始必須貫徹強硬的態度。也許有人認爲我所提倡的作法只適用於社會的外界而已，根本不適用於處於社會內界（亦即對付市井一般人）。

的確，糾紛和一般的索賠不同，多半是有心者所引起。但是，其中也包含一般常識者的糾紛。那是因爲被動者的應對失當，使索賠問題擴大而演變成糾紛的狀況。

但是，即使是與一般人的談判，我認爲既然事態已經脫離索賠的範圍，而演變成糾紛事件時，應當適用前述的原則。

若一開始即同情對方，表現出「我辦得到的事一定不推拖」時，會讓對方對我方產生過大的期待。

一般的公司都具有凡事以書面做處理，利用書面解決的傾向。而且書面中很難反應出「感情」。在公司的實務中，眞的可以委認談判負責人做決定的爲數甚少。

如果最後公司只能給對方「期待以下」的回答，由於對方一開始即抱有過度的期待，會使他們備覺失望，等於是對對方造成不必要的傷害。所以，我並不希望一開始即對對方採取阿諛的態度。

我認爲如果和一般人進行糾紛談判，有一個絕妙的結束方法，那就是在最後「令對方覺得占了便宜」。這種說詞也許聽起來頗有心機，不過，在糾紛談判的場合，公司方面的誠意只能以這種方式表達。

我和一般的民衆進行糾紛談判時，在糾紛大致獲得妥協的「最後階段」必定告訴對方說：「光說些令人不快的事，您一定感到極爲不舒服吧！不過，我會再盡我所能地看看是否還有我們可以辦得到的事。請給我一些時間好嗎？」

這並非只是口頭上的承諾，而且是眞的要重新針對對方的說詞在公司內進行調整。如果從中發覺必須再向對方致歉的地方最好，若找不到時也不必強求。

若有另外必須向對方致歉的地方，最後則以公司的誠意向對方提出來，對方一定會感到心喜。在所有糾紛談判的過程已消聲匿跡，最後仍會留下一道令人舒爽的彩虹。

這正是「結局好什麼都好」。

若想敷衍搪塞做結束反而會拖長時日

不習慣糾紛談判的人，總會想盡辦法虛應故事。換言之，無法斷然拒絕對方的要求。如果採取既不是「Yes」也不是「No」的曖昧回應，對方多半會朝對自己有利的方向做解釋，這就是糾紛談判的特徵。若是談判的老手，即使是得到「No」的回答，也會巧妙地佯裝聽成「Yes」。

所以，明確地告訴對方行或不行乃是糾紛談判的鐵則。

在面談的最後必須明確地告訴對方「這是我方最後的底線」或「除此之外無法再談下去」。如果疏忽這一點，對方會以爲「還有機可乘」。所以，爲了避免談判無謂的拖延，最重要的是最後的「叮嚀」。

另外，這裡所談的雖然都是心理上的問題，不過，想要虛應故事、草草結束談判乃是因爲內心存著若不敷衍搪塞，則無法讓對方信服或可能激怒對方的觀念。筆者再三反覆地強調，糾紛談判並非要使對方信服，而對方動怒也是理所當然的。如果一味地想要虛應故事，反而會使問題更趨複雜，而使談判愈拖愈久。

由於內心存在著想儘快地結束談判的意識，而向對方說「我們會重新做一番檢討」時，言下之意等於是暗示對方可提出更高的要求。

想敷衍搪塞、草草結束談判的意識多半會反應在最後的語詞中。逕自含糊其詞地訴說，或在結尾時說些「那件事就這樣吧！對不對」這類曖昧不明的話。而在下次的談判中令對方有機可乘。換言之，對方的說詞是「上一次您並沒有說『No』呀。」

在進行糾紛談判時，不明確地說出「No」反而是帶有消極性的肯定意味。碰到這種情況，在糾紛談判中經驗淺薄的人會自亂陣腳而讓對方趁虛而入。同時，存心找碴的人最擅長如何巧妙地誘導我方，只能做曖昧不明的回答。

有些人在談判時並不以肯定語句做表答，喜歡以彼此暗默地形式達成共識。然而，這種以暗默達成共識的態度對存心找碴的人是行不通的。在糾紛談判中不可能達成暗默的協調。

在「Yes」與「No」之間必須做一個抉擇，尤其是「No」的答案要有明確性而且肯定。人在無意識中往往也會表達出「Yes」的意識來。但是最容易造成曖昧不明的，往往是「No」的回答。

能否提起勇氣明確地說「No」，可說是左右糾紛談判勝敗的重要關鍵。

櫃台小姐是第一道防波堤

櫃台是公司「危機管理」的第一關。

有許多公司全權委任櫃台人員對訪客做適當的應對處理。至於對行跡可疑的人物所採取的因應措失是否周全呢？有些公司設有某種程度的基準，而有些公司則指導部屬不要理會來路不明的訪客。但是，對方也必非省油燈。尤其是存心找碴的人早已懂得如何穿過我方的「曖昧的基準」，直接逼進經營者或幹部的方法。爲了與之對抗，成爲糾紛的第一道防波提的櫃台人員，在日常就必須做充分的訓練與研修。

在此摘舉數項應付存心找碴者的要點。

・不必刻意展露笑顏，卻要以開朗的態度應對（態度消沉的應對方式使對方容易藉機找碴）　・必須先向對方索取名片　・發覺情況危急時，在對方沒有察覺的狀態下用錄音帶錄音　・把重點放在詢問而盡量不要作答　・不要做決定性的回答，只對對方的說詞表示「我會代你轉達」　・事先做好暗號，在緊要關頭請求援軍。

第四章　糾紛談判的禁忌

絶對避免在對方的陣營進行談判

絕對不可前往對方的公司、事務所、住宅等進行糾紛談判。這是禁忌中的禁忌。因爲在對方陣營談判而慘遭莫大損失的例子不勝枚舉，其中還有這麼奇怪的例子。

某中小企業的老闆捲入一場糾紛中，被對方叫去談判，但是，這位老闆神經非常遲鈍，絲毫沒有警覺自己單槍匹馬到對方陣營，對自己是非常不利的。

對方所指定的談判場所是對方的事務所。那位老闆漫不經心地依約前往。

雖然稱爲事務所，卻不是一般的辦公室，其實是某個非法組織的「總部」，然而遲鈍的老闆並沒有發覺。即使外表牆上掛著「××股份有限公司」的招牌，然而一般人從氣氛中便可發覺那是什麼樣的地方。可是，這位老闆卻一無所覺。

走進辦公室裡，裡頭張貼著是該組織的勳章、組長的照片等，看到這些擺飾，再遲鈍的人總會明白眞相。然而那位老闆回憶說「當時只覺得那是一家挺有趣的事務所」。他可眞是樂天派啊。

不過，那位樂天派的老闆最後是哭喪著臉回家。大白天出去談判回來時已是深夜。整整大半天在兇惡弟兄們的包圍下過了被威脅、監禁，並被迫在債權債務文件上簽名捺印的恐怖時光。在對方陣營進行糾紛談判只有百害而無一利。若硬要從中找到「利點」，也許是在那種場合容易遭受威脅，可使整個糾紛問題帶有刑事案件的性質。因此，在對簿公堂時較容易主張我方所受的損害。不過，是否可以證明當時是否眞的在與外界隔絕的密室內的受威脅呢？這倒是個疑問。

在對方陣營進行糾紛談判的缺點有以下數項：

①感到壓力、恐懼。②不知對方將由誰出面而無法臆測談判狀況。③因無法臆測而感到恐懼。④迫不得已必須接受對方的茶點招待，很容易陷入對方的圈套。⑤事實上已經消失了收集證據能力。⑥有無法回家的危險性。

有關⑤這一點，若想利用錄音帶錄音做爲以後的詳情資料是辦不到的。因爲，根本無法按下開關。當然，事前可以把開關打開，不過，若被對方強行搜身，一切就完了。雖然對方根本無權搜身，然而有些兄弟們根本不理睬一般的常識規範，這就是所謂的自己當裁判審自己人。

筆者過去曾經遭到對方的搜身，被發覺衣服內暗藏著錄音機，結果裡面的錄音帶全毀。後來他們基於「良心？」還我一個新的錄音帶，不過，這個錄音帶當然無法錄音了。

要嚴守約定時間絕不可遲到

準時赴約乃是一般的社會常識。如果不遵守時間的約定，只會蒙受損失。

在一般的約會場合，若遲到也許可以以「啊，眞對不起」一句話而把事情擺平。但是，糾紛談判的情況可不單純，因爲，對方一開始就打算使我方落入陷阱，而心懷不軌。向這種對方表示「對不起」的歉意，無異是提供其攻擊材料罷了。對方是否因我方的遲到感到不快並不重要，問題是這已經提供了對方攻擊的藉口。

有不少人只因爲在約定的面談時間遲到，而陷入心理上的愧疚感，影響了整個談判的展開。

筆者也曾經有過這樣失敗的經驗。從前因爲某件糾紛談判和對方相約在某飯店見面，當時由於那件事我並不在行，所以，我出門時一點也不把它放在心上。

我從大阪自己開車到談判地點，但是，途中碰到交通阻塞而動彈不得。一般碰到這種狀況會把車子停在適當的停車場，設法改搭其它交通工具前往赴約。但是，我根本無意與對方談判，只是輕鬆地認爲「没什麼關係吧！」並不積極地前往。當我到達飯店時，已經超過約定時間四十分鐘。

對方突然對我大發雷霆「你在搞什麼鬼！」——當時我一再地爲自己說明、辯解。在形勢上我不得不這麼做。當我被迫反覆再三地向對方致歉後，對方突然把話題轉到談判問題上，這當中的轉換天衣無縫恰到好處。

更令人羞愧的是，當時我衝口而出的竟然是「眞對不起」這句話。由於在此之前我已將近三十分鐘地爲遲到表示抱歉，因此才脫口說出這句話，這句話根本和我的本意無關。當我覺得「糟了！」時已經來不及了。

後來整個交涉過程全在對方的掌握中展開——。

與人約定見面時，至少應在約定時刻的三十分鐘以前到達會場，這三十分鐘是做爲事前調查的時間。藉此可觀察、掌握對方到達時的狀況，因對方的態勢判斷是否要請求支援。若猜想可能會有危險的情況時，應事先確認好出口的位置或電話亭的方位。

我方若以複數人應對時，要事先分配任務。

不要在封閉型的個室中談判

在對方陣營進行談判的缺點之一是「具有家歸不得的危險性」。

那麼，在自己的勢力範圍（自己公司及相關設施）進行談判時，情況又如何呢？情況正好和在對方陣營談判時相反，可能碰到的是「對方不離去的危險性」。如前所述，這時可以採取指控對方妨礙業務的方法。不過，這乃是最後的手段。

當我方說「今天就到此爲止吧！」而對方回答說「開什麼玩笑，我的話還沒說完呢！」時，有不少人會立刻警告對方說「那麼我叫警察來處理」。若談判過程中並沒有出現險惡的氣氛，警察的介入反而會弄巧成拙。

因爲，對方除了要賴不離去外，有時甚至會反過來指控「遭受監禁」。任意捏造我方的罪過。

所謂監禁，基本上是在對方的勢力範圍及不屬於雙方勢力範圍的「封閉性場所」中才能成立。

從前，某經營者曾經在飯店的套房（小會議室）進行糾紛談判，當時的談判是經營者一方獲勝，不過，事後對方卻向警方提出申訴說「由於遭受監禁不得已聽從對方的條件」。對方出其不意地要了這一招，讓經營者啞口無言。

但是，對找碴老千們而言這委實是個巧妙的戰術。那位經營者在進行談判時習慣性地會把飯店的套房上鎖，而這剛好構成他們所謂的「監禁」的材料。

經營者方面並無足以否定對方遭受監禁的確實證據，只有一個「偶然」，而這個「偶然」卻適時地拯救了被迫處於窮途末路的經營者。因爲，在談判的過程中，碰巧飯店方面將談判者事前點叫的蛋糕及咖啡送過來。由於這個事實使當場的氣氛化爲明朗。同時，把點心帶到套房的服務生也證實說「當時我所看到的景況並不是那麼險惡的氣氛」，替經營者所提出的「並沒有監禁對方」的主張做了證明。

若沒有這個偶然，也許那位經營者就必須蒙上犯罪的污名了。

由此可見，進行糾紛談判的場合不可在對方的陣營，也最好不要在自己公司，當然應該避免使用「封閉性的空間」。所以，最適合做爲糾紛談判的場合應該是「不屬於雙方勢力範圍的公共場所」。

當然也不需要在第三者面前進行糾紛談判，不過，爲了以防萬一，最好附近有第三者存在。筆者認爲最適合的場所是在飯店的大廳。

不要接受對方所指定的談判日期

在第一章筆者曾經提過糾紛談判的談判日期，應由我方主動提出。不但要避免由對方指定「場所」，原則上也不應接受「日期」的指定。對方指定日期簡單地說是因爲該日期對對方最爲有利。到底有何方便呢？其中包括各種情況。

也許是對方的「指揮官」當時可親自坐鎭指揮，或對方的激進派強硬地主張要在當天「做了結」。

這乃是極端的例子。不過，糾紛的談判會發生什麼事情，事先誰也無法預料。至少可以肯定的是，若接納對方所指定的談判日期，對方較方便聚衆增長氣勢。不管是一流的高手或爛芋充數，總而言之，在當時對方會聚衆嚴陣以待。因此，我方根本不必要接受在這個時刻談判。

既然是對敵方方便的事，相對地即意味著將造成我方的不便。因此，應該避免對對方有利的日期。

以筆者而言，當對方提出談判的日期時，我都會回應他們說「當天我不方便，能不能改在前一天」。對於糾紛的談判我都採取這樣的態度。

一般而言，糾紛談判的對手都不渴望談判之間的間隔太長。尤其是談判老千更是如此，他們打算在短期間內集中攻擊逼我方就範以獲得某些利益。

他們在第一次糾紛談判完畢後，多半會說「那麼，明天再詳細談一談吧！」在極短的期限內指定下一次約談的時間。

假設對方說「五天後」時，就回答對方「改在四天後」。如果對方當天不方便時，談判的日期不論在其約定之前或後都無所謂。總而言之，重要的是向對方表示在其最初所提的日期之前，我方已有與其會談的打算。

一般人都有渴望把不快的事情往後拖延的心理。當我方說「改在前一天」時，等於不把令人討厭的糾紛談判往後拖延，因此對方必會認爲「他們對這項談判根本毫無畏懼」。

面對我方積極的態勢，也許對方也會感到緊張，若能造成這種狀況是求之不得的。正如前項所述，在糾紛談判中緊張者必敗。而能造成對方的緊張則可望在談判中獲勝。

不要讓上層的管理者出面

有許多人做事喜歡避重就輕，一遇到麻煩的事就推給上級處理。這種行為在糾紛談判時最要不得。理由有三。

其一，是把問題丟給上級會使問題愈鬧愈大，上司若碰到棘手的問題，也許也會臨陣脫逃。於是問題又往上呈遞，漸漸朝董事長（最高領導者）逼進。隨著問題往上層發展，對方的要求會如滾雪球般地脹大，這是糾紛談判中常見的現象。

其二，接到燙手山芋的上司為了表現出自己是好人，往往將部屬當成壞人。有關這一點如前項所述。

其三，接獲燙手山芋的上司，由於沒有心理準備，很容易犯錯。也有因為部屬沒有據實向上司報告自己的過失，而使談判產生磨擦的例子。

糾紛談判的鐵則是，儘量在下級管理階層，最壞的情況也僅止於中間管理階層的幹部就把事情平息。不論發生任何狀況也不能由上級管理者（高級幹部等）出面。

這裡所謂的下級管理階層、中級管理階層到底屬於那一種職位並無法一概而論。因為，公司的規模有大有小不一而足。但是，一般而言若是作業員在五百人以下的中規模企業，課長是屬於中級管理階層。若是擁有五百名以上員工的大企業，副課長級則可稱為中級管理階層吧！因此，若有糾紛必須在這個階層將問題擺平。

有些人一旦發生糾紛就盛氣淩人地叫嚣「叫支店長出面、讓我見董事長」，如果對方是這方面行家，應把其大肆喧囂的作爲當成一種戰術。

若是外行人，也許是因爲按捺不住怒火而大聲嚷嚷，不過，在這種場合並無法因爲上級管理階層出面處理就可平撫（使其信服）他們的怒氣。相反地，有許多人一看上級管理階層出面，立刻表現出更爲強硬的態度。因爲他們會解釋爲「既然由上級管理者出面，就表示對方正感到棘手或自覺責任重大」的證據。換句話說，剛才他的主張完全正確並達到效果。

不過，對於只是虛張聲勢的人，由上級管理階層前往處理倒可能出現效果。另外，除了只滿足自己的「虛榮」，並不管談判的結果如何只渴望和上級管理階層會面者以外，一般而言，當上級管理階層出現在現場時，反而會使對方情緒更高亢。

並非因爲上級管理階層出面就可改善他們基本上的要求或主張。相反地，如前所述反而會加速他們的要求。正因爲如此，碰到一般談判時不會推諉問題給上級，儘量在自己的能力範圍內做適當的處理，才是最正確的做法。

不要把問題擴大

「有關這個問題某一部分是我負責的，但是其中某些部分並不在我的轄管內。所以，請到別的地方去。」諸如這般的「踢皮球」的方式，是使問題更趨混亂的原因。

一般人面對這樣的應對方式時會不知如何是好，然而若是行家，亦即故意找碴者，反而有「正中下懷」的慶幸感。因爲，以他們的立場而言他們等於獲得了「這裡不行就到那裡」的權利。換句話說，是以後的談判管道可以讓他「任君挑選」了。

在糾紛談判的場合，基本上不可擴大問題的焦點。如前項所述的「不要把問題丟給上司」，是指不要把問題往上擴大。當然，也應該避免把問題往側面擴大。

如果把問題往側面擴大，就造成對方有複數的攻擊目標，助長其一舉兩得的機會。如果問題牽扯兩家公司時，找碴老千必定覬覦可以一石兩鳥的機會。

曾經有過這樣的例子。有位顧客向某百貨公司抱怨說，該公司寄達的商品在接獲時已經損壞。而更糟的是這位顧客竟然是頂頂有名的找碴老千。

百貨公司方面的負責人回答說：「這也難怪您要大發雷霆，也許是我們在包裝上有所疏忽。不過，運輸公司方面也要負起極大的責任。」

也許事實上正如百貨公司的負責人所言。結果這個事件不論是百貨公司或運輸公司都蒙受極大的損失。因爲，那個人利用機會使問題往側面擴大，向百貨公司及運輸公司雙方要脅。最後兩家公司都支付了本來可以不必花費的金錢以平息糾紛。

「敝公司並非毫無責任，然而運輸公司也有責任。」這句話正適時地給那位找碴老千下達了「雙面攻擊的免責權」。

那麼，面對這樣的問題，百貨公司方面的負責人該如何處理呢？若是我，即使運輸公司方面有極大的過失，我也不會把問題丟給運輸公司。當我在自己的轄管範圍內把事情處理妥當後，再向運輸公司索賠。

在處理糾紛談判時，我一貫的態度是儘量把問題的範圍縮小。擴大問題反而不利談判。

在此先不論責任的歸屬問題，事實上經常會碰到「有複數單位需要負責」之類性質的問題。這時，在最初的階段最好向對方回應說「我先調查一下，然後再給您回覆」，這種應對方式較不會出錯。

不要把手搭在對方的身體企圖藉此平撫對方的怒氣

有些人會故做親暱用肢體碰觸對方說「啊，請別這麼說」，想藉此平撫對方的怒氣。這種人上半身的動作，會像在做蝶式游泳一樣，手的動作極多。若在游泳池擺出這些動作還無所謂，然而在談判的場合表現出這些動作並不太雅觀。

其實，要讓對方平撫怒氣就是輕視對方的證據。也許有人並不以為然，但是有誰會挨進令人畏懼的人並試圖平撫其情緒呢？我認為一般人不會有這樣的舉動。正確地說根本辦不到。除了嚴陣以待之外，根本無法顧慮對方的情緒如何。

在想要安撫「令人畏懼」或「顯得陰沉」的對方時，有人會雙手不停地搖擺。但是，對於「心有不滿」的對方，光是揮揮手，不但無法平息其怒氣，反而令人有一種「輕蔑」的意味。

既然是輕蔑，就是不把對方看在眼裡，甚至可說是鄙視對方。雖然在糾紛談判的場合不可在氣勢上輸給對方，然而卻也不可輕視對方。這是所有談判時共通的原則。

一般人碰到對方帶有輕蔑的口氣說「哎呀，生什麼氣啊！」都會感到不快。當然，這種態度絕對不會對談判有何好的影響。就連外行人一想到對方看不起自己（不把自己的話當成一回事）時都會大爲憤慨，而談判的行家更會藉此趁機使自己處於優勢。

最糟糕的情況是想要平撫對方的怒氣，而嘴裡說著「別這樣、別這樣」時卻揮手碰觸到對方的身體。事實上很容易發生這樣的狀況。這時若想用「不小心、不知不覺」的說詞爲自己辯解，是無法爲找碴老千原諒。

事情一定會演變成「幹什麼！想用暴力嚇人嗎？」這麼一來我方就處於不利的態勢。

有不少例子因爲勸阻的行爲遭到對方的不滿，而使問題橫生枝節。換言之，這個問題已經取代了原先造成糾紛的原因，而變成雙方議論新焦點。

事實上，在糾紛談判的場合「造成事端的原因」鮮少成爲最後的議題，多半在途中發生第二、第三的原因，而這些原因反而成爲致命的要害。

似是而非的論法會橫生枝節

在談判途中最忌諱的是提出「似是而非」的議論。

不知各位是否有這樣的經驗。假設因超速或違規停車被交通警察逮到，本來只要坦率地承認自己的過失，卻反駁說「其它的汽車也超速，大家都違規停車爲何只抓我？」以這樣的態度責問交通警察——。即使不是眞的想如此反唇相譏，但任何人都會有這樣的情緒吧！而認爲只有自己倒楣被開罰單，不由地脫口而出的心境也不難理解。

但是，如果眞的對交通警察反唇相譏時，就變成本項所謂的「惹起新的爭端」。因爲，交通警察只是指責你的過失，對其他人並沒有法外開恩，這時若埋怨說「只抓我而放了別人——」，就是一種感情用事的論法。

其他人（公司）也做同樣的事，那有只有自己（自己的團體）被開罰單的道理，這種議論方式可說是「似是而非論法」。各位只要思考一下就可明白這不是好的議論方式。

假設某公司因賄賂嫌疑被警方揭發，結果該公司的董事長一副無所謂的態度說：「別家公司還不都這麼做啊」。即使事實屬實，然而該公司所犯的罪也並不會因此而消失。

在糾紛談判的場合若以似是而非的論法惹起新的爭端，不但無法解決問題，反而會火上加油把事情愈鬧愈大。

從前，有一名女性到某公司抗議。其爭議的問題本身並不足爲道，但是若硬要追究孰是孰非，則公司方面確有所過失。當時處理的負責人認爲，那只是芝麻蒜皮小事一般人根本不會在意。於是當場毫不留情地說對方是在「強詞奪理無理取鬧」。

受到這樣的對待，陷入感情用事的該女性，認爲既然如此就把問題委任律師出面處理，結果這場糾紛愈鬧愈大。本來她並無意將事情鬧大，如果負責人最初的態度能有一點誠意的話，根本不會有任何問題發生……。

有不少人對因自己說出了「似是而非」的論調，結果變成是在向對方挑釁的事實毫無所覺。雖然打算以「一般人都是這樣」或「這種事在社會上行不通」之類的說詞擊垮對方。然而，往往忽略了對方目前的問題並非「一般社會」的問題。而是以你本身或你的公司爲問題對象。

千萬不要抱有一種錯覺，認爲以似是而非的論調岔開議題，使對方不勝攻擊而打退堂鼓就可獲勝。這種觀念實在是錯的離譜。

不要答應當天的談判，不需立即回答

有些找碴老千會透過電話威脅我方說：「喂，現在到你那裡，等著瞧吧！」碰到這種情況應該斷然拒絕。唯有這時才是需要迴避。只要在情緒上並沒有迴避的意思。糾紛談判的大原則之一是不應答應當天的談判。如果對方說現在就去而立即前來，會使被動者的情緒不穩，因爲根本沒有準備的時間，若以複數人一起處理談判時，也無法充分地做好商量。

若在這樣的狀態下進入談判，毫無疑問地必會出錯。

筆者若碰到對方用電話連絡說「等一下過去」，我一定告訴對方「這個要求太突然了，而且今天也談不出眉目，對不起，能不能改在明天或後天。」

這時最好不要把日期延後太久。因爲，會被對方認爲我方有意逃避。既然對方指定「今天」，若身旁無雜事，則應指定改在明天或後天。

如果爲了拒絕當天的面談而藉口說「等一下要外出」恐怕會被對方責問說「上那裡去？該不會想要逃避吧？」

這時如回答對方「沒有必要告訴你吧！」如果對方堅持不下，而一口咬定說「想要我嗎？」時，用帶有暗示的語氣回答則會顯出效果。譬如，如此回應：

「去什麼地方是可以告訴你，不過，我想你會大吃一驚」或「喔，這個地方是可以說。但是就怕對方不諒解的話……」——如果對方存心不軌，會胡亂地想像「該不會是向警察報案吧」。

若沒有任何通知突然到訪時，這時若能在櫃台給予回絕則盡量回絕，假使蠻橫地闖進公司只好與之會面。不過，這時即使對方要求要有明確地回答，也絕對不可立即作答。對強行闖入他人領域的非法之徒，逼迫回答其渴望的答案可說是愚蠢之至。

碰到這種狀況，首先應該捨棄當場作答的意識。因爲，想要立即作答反而會犯下過失，而造成無法收拾的場面，使糾紛談判愈拖愈長基本上並非良策。但是，如果第一次對方是趁我方毫無所備之時硬闖進來，應把問題延至往後的第二次、第三次的談判較爲有利。

絶對不要向對方窮追不捨

對方說出「給我記住」的話以後，反而可以安心。

在糾紛談判的尾聲，經常犯下的過失是爲了做明確的結束，而向對方窮追不捨，結果自掘墳墓。這一點必須特別小心留意。

所謂的企業，從另一方面而言是由衆多的文件累積而成的。因此，在糾紛談判中若没有向上級提出「事件告一段落」的報告書，上級（上司或公司）是無法信服。

但是，本來所謂的糾紛談判是對方不再出現時就已「結束」。並不像一般的事務必須是「蓋了印章後才結束」。這可說是糾紛談判和其它事項完全不同的特點。

如果忘記這個根本，爲了確認「談判已經完畢」而向對方深究，反而會製造了另一個火種。縱然企業是以文件爲優先，仍然不可輕忽糾紛談判的特色而自找麻煩。

只要抱有「該做的已經做了」的自信，所處理的糾紛多半已經獲得解決。

如果向縮起狐狸尾巴遁逃的對方窮追不捨，強迫對方必須在今後絕不再有何異議的誓約書上蓋印，對方必定大爲羞恥地臉紅耳赤或惱羞成怒。如果對方是與流氓組織相關的人，事態一定會演變成暴力事件。

糾紛談判在原則上並不需要「結束的文件」。當然其中有一個要件是「最後的談判不可以曖昧不明的方式結束」。

如果最後的談判——雖然「最後」只能由結果做判斷——若含混不清，或沒有很明顯的誓約，可能會引發新的問題的情形時，當然不在此例。

譬如，交通事故的私下協商就屬於這種例子。爲了避免將來留下禍根，彼此應交換明確的切結書。

但是，對存心以無中生有的原因前來找碴，而我方既然以毅然決然的態度使其無法達成目的而自行離去者，就不需要最後的「叮嚀」。最後的叮嚀往往會造成反效果。

找碴者在談判失敗的最後，經常會留下一句「給我記住！」的台詞，這純屬一種口頭禪。我從來沒有遇過曾經這樣揚言的人，事後還會再度前來的找碴的情形。

總而言之，在糾紛談判中令對方說出「給我記住！」者就獲勝。而且這時已經談判結束了。

●開始即運用個人的能力

雖然我國是法治國家，我國的法律也非常完善，但是，法律並不一定隨時無條件地保護你或你的公司。

所謂糾紛談判本來就不是被動靠法律保護。而是要積極地運用法律以求自保。換言之－－並非由法律保護我們自己，而是爲了保障自己的權益應該活用法律。這正是所謂的「一開始卽應活用自己」的道理。

雖然法律在某個程度下可以保障人民免受不法者的威脅、迫害，然而最重要的是我們個人在面臨糾紛談判時的態度。其基本原理，無論時代如何轉變，法律的適用範圍如何，從來不會改變。

如果渴望受法律的庇護，首先應穩住自己的態勢，然後再用法律。原則上談判的主導權應在我方。

第五章
擊退找碴老千的方法

找碴老千鑑別法

沒有人會明白地表示自己是找碴老千。因此，平常必須磨練識別找碴老千的能力。

有一點必須留意，是否把對方認定爲找碴老千，這和我方的態度有極大的關係。

一般人一感到對方「來意不善」的瞬間，即判斷對方是「前來找碴」，這種態度很可能會把原本只是一般的人認定爲找碴老千的危險。要判斷對方是否爲找碴老千，有如下的基準。不過，請注意這僅供參考而非絕對性的基準。

一般的找碴老千或帶有這種嫌疑者具有下列特徵：

①穿著鮮豔的服裝或舉止粗魯的人。
②身上的裝飾品極爲華麗、不自然的人。
③「服裝」與「舉止」不協調的人。
④令人感到過分地客氣、殷勤的人。
⑤沒有事前預約，強行要求與最高主管面談的人。
⑥立即要求「叫負責人出面」的人。

⑦眼光閃爍不定的人、眼神過於篤定的人。
⑧給人一種若不答應其要求則不離去氣氛的人。
⑨所提的要求不明確的人。
⑩會隨時故意岔開問題焦點的人。

如果有人只符合上述特點中的其中一項，還不可立即斷言該人就是找碴老千。但是，若符合兩個特點時，就該認爲是危險人物。符合五個以上特點的人，毫無疑問地就是要嚴加戒備的找碴老千。

以③爲例，是指好比穿戴墨鏡、鱷魚皮的皮帶、亮皮的皮鞋，在言談舉止上卻顯得極爲恭敬的人。

⑦的前者眼神不定的人多半是「小混混」，而後者可能是「頗有來歷的大人物」。

⑨、⑩是代替他人出面處理糾紛談判者經常有的態度，例如，A代替B進行糾紛談判時，事實上A並不太清處B的詳情，所以無法做明確地要求而不得已蒙混話題的焦點。

不要以應付流氓的態度面對可能是流氓的人

規模較大的公司多半會在櫃台準備，向各部屬傳達「目前有危險人物前來」的暗號。某公司來了一名行跡可疑的男子，櫃台小姐隨即用內線電話向當事者打暗號。經過一番連絡後，櫃台小姐對該名男子說「眞對不起，負責人剛好外出」。

但是，這時出來了一名公司的幹部看見那位訪客後，就走過來親切地與該訪客打招呼說：「×先生，今天有什麼事？」櫃台小姐當場發覺原來這個人並非黑道人物。臉上立即表現出「糟了！」的表情。

櫃台小姐心慌，於是再度和負責人連絡，悄聲地說「剛才的連絡是錯的」。然後掛斷電話重新告訴對方說「聽說負責的人剛才回來了，他說可以立刻和您見面」。這個應對態度顯得極爲不自然。

對方立即察覺到怎麼回事。因爲，他已確實地聽到櫃台小姐小聲地說「剛才的連絡是錯的」。

「到底是怎麼回事！給我說清楚！」——該男子心有不甘地指責，很糟的，那位櫃台小姐竟然多嘴多舌地說明，自己原來把對方當成流氓的原委說得一清二楚。

本來一點問題也沒有的狀況，卻在瞬間發展爲大糾紛。

筆者在還是一名上班族時也曾犯下這種過失。我認爲頭戴鴨舌帽、臉上掛著墨鏡、腳上穿的是平常人少見的鞋子的人一定是黑道人物。那個人要求和經理見面，我憑自己的判斷給予回絕。當然，爲了避免發生事端，藉口說「經理外出」。

那個人只是輕描淡寫地說「啊，是嗎？」立即就回去。但是，事後我才明白那個人是我們公司最大的顧客。據說他的穿著之所以如此怪異，純屬個人的嗜好罷了。雖然沒有造成糾紛，我卻捏了一把冷汗。

以筆者的經驗而言，外表看起來像是流氓的人，其實十人中只有四人左右才是眞正的流氓。其餘多半是個人品味太差，也有人是爲了讓人覺得「我是不好惹的喔」。而這種人被我們當做流氓應對時，其在態度、要求上有極速擴大的傾向。

擊退找碴老千的方法

擊退找碴老千的方法要點大致如下：首先是不讓對方與最高負責人見面、不要單獨與之對談、不要一開始就想定用金錢解決、發展爲法律訴訟時製作對我方有利的詳情資料、若有必要則以存證信函寄給對方等等。

除此之外還有許多擊退找碴老千的技術，譬如「表現出極端驚訝的態度」也是其中的一個方法。

前來勒索、找碴、威脅的非法之徒，一開始就表現出強硬的態度，爲的是想令我方感到震驚。因爲，「震驚」和「畏縮」可說是表裡一體。

但是，他們雖然期待我方有震驚的反應，卻不願意我們過度地驚嚇。如果嚇得赤裸著雙腳在原地躲竄，對方大概不會覺得可笑，而會被我方的震驚程度嚇呆了。

當然，實際上並不需要做如此虛僞的表現。但是，若從採取令對方感到意外的行動的觀點而言，在談判中有某種程度的表演是必須的。

當我方顯得過度震驚時，對方也許會興起我方可能向警方通報的顧慮。找碴老千多半是有前科的人，因此，雖然虛張聲勢地叫囂著「叫警察來我也不怕」，然而，在他們意識中多少會覺得警察來了事態就不妙。

在進行談判時，有些人會故意在對方面前誇張地唬得四腳朝天。雖然筆者認爲這是無聊的舉止，不過，在糾紛談判的場合有時需要一些誇張的表演。而以大聲怒吼來回應對方咆哮也是一種奇招。找碴老千在面臨談判時，一定會事先做好腹案，所謂腹案是指談判的藍圖，我方只要將其藍圖擊破即可。

如果有所謂的擊退找碴老千的絕招，我認爲不是百分之百正面迎擊對方，就是完全無視於對方的存在。我有位朋友面對找碴老千時會擺出一概不予理會的態度，彷彿頑石一樣地保持沉默，最後對方只好掉頭離去。以上所提的都是較爲極端的例子。一般而言，面對找碴老千最正統的對應法是「覺得害怕時就具體地表現出來」。爲了避免誤解，在此附帶一提的是，這個態度是針對非法之輩的措施。

找碴老千是不會輕易離開談判現場。因爲，他們內心害怕著一旦離去，不知何時我方才會答應與他們會談。碰到這種死賴活纏之輩，最好的方法是儘量製造容易離去的狀況。

與非法之徒談判時的態度

一聽到非法之徒，首先浮在腦海中的是流氓。他們多半是糾紛談判的主角——當然是對方的主角。一般人，大概没有人不畏懼幫派、流氓的吧！筆者也感到害怕。

但是，正如前面所述，在糾紛談判中最忌諱的是因害怕而完全聽從對方的要求。正因爲是令人害怕的人，才必須採取毅然決然的態度，若以畏懼、膽怯的態度與之應對，反而會被敵人乘勢攻擊。

幫派流氓有個非常有趣的習性。他們面對比自己弱的人會表現強硬的態度，然而若看見來頭不小、比他頑強的人時，立即變得乖順。這裡所謂的乖順是指不會再有無理的要求。

當被捲入與幫派團體有關的糾紛時，最初應該斷然地拒絕他們的要求。因爲，一旦接受他們的要求與他們之間產生關係時，將變成無法擺脫的孽緣而被對方糾纏不休。

筆者曾經提及找碴者鮮少握有眞正致命的材料。對方只會捏造材料或在所擁有的材料上大做文章藉故找碴。根本不須對對方擺出謙卑、奉承的態度，只管堂而皇之地以毅然決然的態度和對方談判。對方是威脅別人的專家，因此他們渾身具備的是表演的能力，如果他們以脅迫式的言語前來攻擊，我方則據理力爭。

所謂的據理力爭只是根據常識道理展開談判。

同時，對於對方的說詞一一用文書做確認，這是他們最感到棘手的部分。「上一次您這麼說了吧！那是表示這個意思嗎？」、「你暗中向我們表示這個意思吧！對我們而言委實感到恐懼」如此一一地向對方確認時，對方會心生疑慮「說不定會演變成法律訴訟」而減弱了威脅的氣勢。

當受到幾近於妨礙業務的找碴時，事後向對方投遞抗議文書也是有效的方法。例如，在抗議書中寫上在某時被對方闖進，遭受極大的困擾等字句。事後也可能因爲「闖進」一詞事實與否的爭執，而使事情往另一個方向發展。

想要把話題岔開時即可利用這個簡便的方法。

除了流氓幫派以外還有違法或接近於違法的團體，其典型的手段容後再敘，總而言之，最重要的是面臨談判時應保持毅然決然的態度。割捨對方乃是幫派的意識，將對方視爲「一般人」。因爲，若意識到其背後所擁有的幫派，就會在人數多寡的氣勢下被對方吞沒。

研究非法之徒的慣用伎倆

若想在談判時獲勝，對對方的分析、研究是必要的條件。

如果認爲「暴力團體令人恐懼」而舉手投降，根本無法使談判朝自己有利的方向進行。正因爲覺得害怕才應努力研究其慣用的手段，儘量緩和內心的畏懼。俗話說有備無患。與非法者進行糾紛談判時，事前準備尤爲重要。所謂準備是指對敵人的研究，經過研究才可能擬定對策。以下介紹幾項不法之徒所慣用的典型手段：

①將小事化大。

②特意地標榜身爲被害者的立場。

③以威脅的口氣進行談判。

④想要製造令我方感到羞恥的場面。

⑤企圖引誘人到其地盤。

⑥到對方陣營談判時，會有二人以上連袂前來。

最必須留意的是其中的①及②，如果被對方矇騙，一開始即表示歉疚的態度，反而會讓對方有機可乘。

曾經在某宴會中，有位客人吃了餐後點心，引起食物中毒，結果這事情竟演變成暴力團體介入的糾紛。

事後經過公司的調查，證實的確在當天招待客人的點心中，有一個點心上面沾有一個頭皮屑大小的發霉物，不過這不良品當場就被更換了。因爲此事前來申訴的是，當場更換那個點心的人及其同伴。

由於點心中確實帶有發霉物質，也不可能斷言沒有食物中毒的可能性。但是，他們因這件小事前來要求索賠是在吃了那個蛋糕的數天後，很明顯地其中必有蹊蹺。我一眼就看穿他們是仗著已無「現物」而強調自己是被害者的立場，想要把小事變大或捏造事實。於是我立即要求餐廳方面製作與當時同樣糕點，並要求相關機構做確實的檢查、化驗。並且用和該會場的冷藏庫同樣的條件，進行整整十天的糕點保存實驗。結果根本沒有任何問題。

同時，並要求對方提出醫師的診斷證明書。結果他們強詞奪理地說「沒有診斷書，並不需要找醫生就診。因爲在家裡疼得難受，而買成藥吃。」那有吃成藥就能治療食物中毒呢？顯而易見地，對方的說詞中已露出破綻。

我立即把與他們所做的談判做好詳情資料，以存證信函送給對方，結果本來行止極囂張的這些人，立即收斂起張牙舞爪的態度，問題也獲得解決。

股東大會中專門鬧場的小股東的慣用伎倆

與小股東絕無糾葛的大企業可說是絕無僅有吧！由此可見會鬧場的小股東在商場是多麼的活躍。

所謂鬧場的小股東，簡言之是一種個人事業組，並非團體。所做的事雖然和不法團體不相上下。然而他們卻不像暴力團體一樣以「組織」爲後盾而採取行動，因此，從這一點看來可說是糾紛業界的一匹狼。

其中也有數人連袂做事，不過，多半以個人活動爲中心。

在糾紛談判中他們有一個特徵。也許是單槍匹前來的關係，在談吐上比較陰沉，雖然在股東大會中，能言善辯是他們的最大武器。不過，碰到糾紛談判時情況未必如此。他們的攻擊總給人一種糾纏不休的感覺。

從前的小股東是以「威脅」爲主。但是，由於時勢的轉變，現在小股東至少都會在表面上以「和平態勢」前來談判。

但是，這乃是他們的假面具。他們的本來面目是勒索者、找碴者。

只要發現任何糾紛的火種，立即向對方要脅「原來有這麼一回事」、「還發生那種事」、「向報社申訴」、「在股東會提出質疑」、「如果想避免這些事態——」把小事變大、一步步地向對方要害進擊的就是他們慣常的伎倆。

流氓中有人扮黑臉有人扮白臉

說相聲時，表演者就是藉由「一唱一和」的方式，你一語我一言地把整個話題說得生動有趣。而流氓在糾紛談判場合所採取的態度和說相聲極爲類似。換言之，其中一人專門充當要脅者，另一人則當白臉在旁勸解。一般的外行人很容易上了這種圈套。

他們多半由老大充當威脅者，手下的小嘍囉就充當打圓場者。但是，也有例外的情況。在流氓幫派中也有外表好、壞之分，他們也會以外貌好者擔任打圓場的職務，相貌兇惡者則擔任威脅的職務。從頭到尾在對方面前盡其個人職分的表演。

當然，一般人對於威脅者都帶有嫌惡感，而對打圓場的人較具好感，然而這就是對方的陷阱所在。

進行糾紛談判時，由於事前帶有「討厭」的心理。因此，如果談判狀況如意料中產生令人不快的狀況時，任何人都希望有人伸出援手助自己一臂之力。而當時充當打圓場的人會適時地伸出令人以爲是「救援」之手。在糾紛談判中百戰沙場的流氓，對於整個過程中的氣息轉換，拿捏得非常巧妙。

如果渴望他人的援助而緊抓住對方刻意展現的「救援之手」，就是使自己陷入地獄的開始。

事實上，從中勸解者所勸解的對象並非我方，而是扮演威脅的人。

譬如，充當威脅的人一開始有如怒髮衝冠地大發雷霆。口沫橫飛地咆哮不已，已造成我方心生畏懼。這時，從中勸解的人會說「老大，您安靜一點吧！別那麼發火，他們也有他們的立場——對不對？」

這時我們會暫時地感到鬆一口氣，霎那間彷彿有獲救的感覺。而這正是對方所覬覦的目標，有些人甚至會表現出彷彿我方代言人的態度說「請你也聽聽他們的說詞吧」。

另外，有些從中勸解者，碰到這種狀況會適時地說：「我絕不會害你們的。你們最好在此讓步吧！讓這個人（充當威脅者）眞的動了火事後可不好收拾。我是爲你們著想。」

「是嗎？也許這麼做較好吧！」當心理開始產生這種想法而向對方致歉時，就變成「我方確實有過失」的藉口了。一旦承認自己有過失，事後想抹滅就很難了。

千萬不可對打圓場者抱有好感。相反地，應該認識他和充當威脅者乃是一丘之貉。說不定在另外的場合會改變現在所扮演的角色。

不要對流氓的派系抱有興趣

最近在日本發生了好幾樁與流氓派系掛勾的金融事件，造成轟動社會的大新聞。除此之外，一連串的醜聞及運輸公司的問題也是有暴力團體的介入。而企業界與暴力團體之間的糾葛早已不是新聞了。

在這麼多的暗盤交易中，到底是錯在食髓知味而得寸進尺的暴力團體，或引誘對方謀利的企業界的過失？筆者認爲這只是五十步笑百步。

雖然利用他人的弱點藉此勒索、要脅的作爲是不正。然而，一般人對於黑道人物「刮目相看」的風潮也可以說是助長暗盤交易的原因之一。

簡單地說，黑道人物是人見人怕。世上卻有不少人以和黑道掛勾而引以爲傲。甚至恃黑道而驕的人。

這純屬幼稚的心理，不過，只因爲認識黑道中人，即會使人造成和該人處於同格的感覺。

有些人一旦知曉談判的對方是流氓，會竭盡所能地探聽對方是那個派系，其實知道這些也沒有什麼助益，總而言之，只是一種好奇心使然。或多少攙雜著上述的心理吧！

有趣的是，這種人在詢問對方是那個派系時，不會單刀直入地問「是××幫派的人吧」。也許是害怕過於直接了當引來對方的不快，而採取迂迴的詢問法說「是與××幫派有關的人？」或「您是從××幫派前來的嗎？」等等。

與××幫派有關、從××幫派前來之類的詢問法對對方極爲有力。因爲，縱然對方並不屬於任何幫派，然而聽到這樣的詢問時，隨意地附和即可使我方聞風喪膽。而且，「從××幫派來的嗎？」若順勢說成「是從那方面來的」，在事後即可爲自己脫罪說「並沒有說過自己是××幫派的人」。

因此，曖昧不明的詢問法反而提供了對方藉機壯大自己、狐假虎威的機會，並且，成爲其事後脫罪的藉口。

出於個人的興趣或對窮究事理的好奇心，詢問對方是屬於那一個派系，即使明白了對方的身分，多數人也只是獲得心中所想要的答案罷了，仍然會感到恐懼。這是詢問不必要的事的第一個不利點。

第二個不利點正如前面所述，恐怕給對方留下「對我們是流氓的人刮目相看」的印象。一旦產生這種氣氛後對方就囂張起來了。

不要央求流氓出面進行談判

有些人會央求流氓出面處理與流氓的糾紛談判，這是極大的錯誤。

把和A幫派之間的糾紛委任給B幫派來談判絕對不會有好結果。不論A幫派或B幫派是友好或敵對的關係，結果都是一樣的。

流氓雖然各據地盤，然而彼此之間卻具有一種微妙的義理人情。換言之，他們的觀念裡帶著「既然你出面，我也應該多少表示讓步。不過，你也必須顧及我的顏面，適當地退讓。」

在這種狀況下就甭想在糾紛談判的「All.Or.Nothing」中平安無事。其實，從求助流氓代為處理時開始，已經偏離了將事情擺平的路線。

有些人喜歡誇稱自己在道上人面廣，但是，請各位最好記住，根本沒有人可在流氓面前討面子。因為，現代的流氓不論任何事情都可以變成他斂錢的材料。

認為「會用義理和人情衡量事物的是幫派的流氓」，目前只存在於電影中的世界。

我所知道的例子中，有一家公司委託Y幫派替其處理與S幫派之間的糾紛。當時S幫派

這種狀況的最典型說詞是「你竟敢藐視我」。只要他們顏面受損的事搬上台面，任何事都成爲被攻擊的材料。

進行糾紛談判時，他們掛在口上說的「你竟敢藐視我」的台詞，多半是謊言或純屬演技。他們的行動中早已將我方若聽到這種台詞必會畏縮算計在內。

不過，由於基本上他們所抱持的「常識」不同。因此，在一般社會中並不造成問題的事情，在他們的世界裡也可能變成「損傷其顏面的事」。

據說古時候的日本武士，只要他人碰到其身上的刀劍，即認定武士的魂魄受到損傷，而當成是一種刀傷。只因爲碰觸身上的配刀，即要對他人尋仇，是一般老百姓所沒有的概念。姑且不論流氓本身是否有魂魄，不過，事實上卻有一些在我們看來並不足爲奇的小事，卻因爲令他們感到不滿，就此糾纏不休的人。

碰到這種狀況，有不少人由於怕事而順從對方，這是非常不妥的作爲，這時應該採取強硬的態度回絕對方說「你們也許有這種感覺，不過這裡是和你們不同的世界。」以一般的社會常識與之應對才是正確的做法，對無法無天者的「常識」根本沒有刻意配合的必要。

所謂配合，簡單地說是指配合流氓的語調，有些人甚至滿口說些連自己也搞不清楚的流氓用語，這也是錯誤的根源。

請各位要認識流氓和我們對事物的想法是不同的。

不需答應非法之徒做再次約談

不需要和無法無天者約定另日的會談，或答應改天給予回答。當然，你會碰到無法在當天把事情結束，而必須約定下次談判日期的狀況。

不過，在此我想要說的是，絕對不可由我方提供對方再次面談的機會。改天的回答也是一樣的，若要回答無論如何必須與對方碰面，即使是以電話或是書面回答，敵人必定會要求「會晤」。

筆者反覆再三地強調不可將糾紛談判丟給上司、把糾紛談判層次擴大。如果丟給上級或把糾紛往側面擴大……，如此一來另日必然有需再與對方會晤的可能。

在糾紛談判中不應給自己設定「作業」。應該當場提出答案，若無「作業」就可以堅決拒絕再面談的約定。

如果碰到留下「作業」的情況，流氓幫派及走法律漏洞的團體，在決定下次談判日時出現一個特徵。那就是在極短的期限裡約定見面日期（想會晤的日期）。

若是流氓，百分之九十會說「那麼，明天再談」。其意圖是不讓我方有思考、準備的空隙。

再怎麼健壯、資深的談判負責人，持續兩天和流氓進行糾紛談判，在精神上會有極重的負擔。而他們所期待的就是我方在精神上產生疲憊。

另外還具有使我方陷入措手不及的意味。在糾紛談判中需要有所準備的多半是接受談判的一方。如果明天還要再次會晤，時間就受到限制。爲了不讓我方有充分的準備時間，對方必須把談判的期限縮短。

綁票人質的犯人在要求贖金時，絕不會說一個月後把錢拿到某某地方。他們慣用的伎倆是，今天把錢湊足，明天帶過來。這是爲了不讓受害者向警方報案，而有充分思考的時間。流氓提出「明天再談判」的要求，基本上和這個道理是一樣的。

同時，他們還具有趁夜突擊、凌晨追趕的傾向。換言之，他們會要求在黎明或深夜會晤。

一般人一想到一大早就要處理令人煩悶的糾紛談判，整晚必定無法安眠。若是神經較容易緊張的人也許徹夜也難以入眠。

做人們所討厭做的事，是他們慣用的技法，絕對不可落入他們的圈套。

● - 應該攜帶禮物前去談判嗎？

攜帶禮物前往糾紛談判的作爲，可說是破天荒中的破天荒。糾紛談判和一般索賠談判不同，純是一種作戰，那需要攜帶禮物前往應戰？若攜帶禮物前往，只會給對方留下有意諂媚的印象。因此，基本上絕對不可攜帶任何禮物。

其中尤以攜帶自己公司的產品最爲差勁。其他索賠問題談判情況也是一樣，攜帶自己公司的製品，可能會令對方認爲「竟然帶來不花分文的禮物」。而且自己公司的製品可能令人解釋爲缺乏﹁誠意﹂的可能性，卽使是進行索賠談判也儘量不要攜帶這類的物品前往。

同時，若攜帶自己公司的製品前往談判，也許會發展爲以折扣強迫對方大量採購的有關權益損傷的糾紛。

第六章
企業的危機管理與糾紛談判

養成把記錄做成檔案的習慣

在糾紛談判中「記錄」往往可變成一種武器。也許可以說是對付找碴者的最大武器。有關記錄的重要性，在此無需贅言，只要在法庭上對我方有利就足夠了。只要留下記錄即可對對方產生無言的壓力。從這點看來，除了可做爲詳情資料之外，還具有擊退對方的功用。

有些人在緊要關頭必須拿出詳情資料給律師或警察過目時，卻找不到資料。所謂的記錄若只是擁有並無任何意義。

除了用錄音帶錄取與對方談判過程以外，所有的記錄全是「文件」。而文件很容易遺失，因此，平常即應養成做成檔案的習慣。

但是，若疏忽所謂糾紛談判的本質時，很容易把談判的文件當成「只是一堆紙片」，而任意處理。

等事後才「不曉得放在那裡……」等文件行蹤不明的情形發生，乃是不認識文件所具有重要性的證據。「好像保管在什麼地方」這種保管方式最糟糕。因爲，找不到時等於「沒有

「文件。

有些人雖然明白文件事關重要，然而，由於糾紛談判本身令人厭煩，基於「不想看見」的深層心理而隨意擱置。結果，時間一久就不知擺在什麼地方。這種心理並不難理解，不過，遺失了記錄最後遭受損害的還是自己。

糾紛談判的記錄其重要性遠勝過金錢。因爲，它確實具有金錢無法取代的價值。同時，必須將其建檔案，嚴格保管在絕對不可遭受火災、失竊危險等安全的地方。當然並不需要雇用守衛。總而言之，必須和重要文件一同處理。

碰到緊急狀況時，可以隨處取得文件檔案的地方，反過來說也是容易被竊取的場所。這種地方最忌諱保管文件的場所。若是在他人眼目可見的位置，則應保管在金庫裡。

檔案必須以單項處理。如果依時間劃分把多項資料歸納在一個地方，事後要找所要的文件可大費周章。

必須忠實地依錄音帶做記錄別擅自編輯

筆者再三強調，糾紛談判時錄音的重要性。

根據所錄製的錄音帶起草文章的作業稱爲「錄音帶記錄」。做錄音帶記錄時，最重要的是一字一字眞實地根據錄音帶寫下與對方的談判過程。

有些人覺得這種做法過於瑣碎麻煩，而只記其要點，這種做法絕對行不得。若只做重點筆記，難以重現當時的眞實性或語氣，而且容易攙雜自己的「主觀」。

本來記錄是爲了向法官提出證據才製作的資料，如果缺乏眞實性、客觀性的文章，也許會令法官失去正確的判斷。因此，做錄音帶記錄時，絕對不可擅自「編輯」。

忠實地做錄音帶記錄的確頗費時間。光是重點筆記，至少要花費整個錄音帶迴轉的二、三倍。若一字一句忠實地做記錄則要花上五倍的時間，但是，若能不厭其煩，在法庭上增加自己的優勢，其辛苦也不足爲道了。

除了意義不明的口氣之外，所有的語句，都要以能讓第三者（警察、律師、法官等）立即明瞭的簡易文章做下記錄。

●詳情資料用自己公司格式製作效果較低

各家公司都有其報告書的書寫特徵。但是，在製作糾紛談判的詳情資料時，應該捨棄自我公司的格式。

向法院所提出的文件若採取自己公司、自己的書寫方式，效率會減低。因爲，公司或自己本身的格式和裁判毫不相干。

詳情資料基本上是要讓法官閱讀。當然，無論是採取何種格式，法官對於所提出的文件，都會親自過目。因爲這是他們的工作。

不過，在閱讀時卻會因爲文件的製作法，或內容而有「熱衷」的差別。因爲人多少會被環境所左右，這乃是無可奈何的。

法官及法院都很重視「客觀性」。他們所想知道的並非我方的主觀意見，而是事實。

譬如，「遭受極大的困擾」這種記述就非常主觀。但是，如果在此文句的上面添加「由於對方做了……的結果」的事實，這句話就變成極爲客觀的表現法。總而言之，製作詳情資料時絕對不可以自己公司的格式書寫「感想文」。

何謂存證信函

當談判陷入膠著或將面臨膠著狀況時，立即給對方郵寄存證信函吧！筆者已再三地強調，不要爲了怕麻煩而忘了這件事。那麼，到底什麼是存證信函？

所謂存證信函是，寄信者把何時（When）發生什麼事（What）是誰（Who）向誰（Whom），所提出的文件以「謄本」由郵政局所證明的文件。

郵寄存證信函是寄信者對收信者，表明態度的有效具體證據。

不過，如果寄出後對方一口咬定「没有收到」時也無可奈何。因此，爲了確認已寄達給對方，通常會以雙掛號郵件處理。

存證信函除了具有本來表示證明的效果之外，還帶有對收信人產生心理壓力的附帶效果。在糾紛談判的場合，本來的效果及附加的效果其間的比例大約是五比五。

另外一個具體的效果是，接到存證信函的對方，也許會找律師商量，這麼一來對方就無法再做無理的要求。

不過，對於存證信函是否提出回信乃是收信人的自由。以找碴者所挑起糾紛談判，被動一方鮮少接獲找碴者寄來存證信函。不過，假使事態發展成這種狀況，對於其中所記載的「在本信函到達的×日以內，若無回應即表示承認我方的主張，請諒解」這種內容證明沒有回應的狀況，通常也不會產生對方所說的法律上的效果。

雖然不會產生法律上的效果，有時也會因此而造成不利。所以，一般而言，抹煞對方的存證信函也並非良策。或許在第三者的眼中，彼我雙方以存證信函交戰，並不雅觀。然而，接獲對方寄來的存證信函時，也以存證信函回覆對方的內容才是最正當的作法。

製作存證信函時要準備三封「相同的書信」。三封書信中有一封是寄給對方，稱爲「內容文書」。其餘的二封是由寄信者當事人及郵局各自保管，這稱爲「謄本」。

雖然內容文書和謄本的文書必須一樣，不過前者在個頁內的字數、行數無限制，後者則有限制。

事先向律師報告事情的始末

姑且不論最後是否會變成訴訟事件，或因糾紛而對簿公堂的事件並不足爲奇。碰到這種狀況，如果公司聘有法律顧問或個人有可以商量的律師，最好讓他知曉整個談判的來龍去脈。

因爲，一旦碰到必須委任律師來處理問題時，很難一一地從頭開始做說明。同時，糾紛談判很容易演變成「時間的勝負戰」，如果碰巧在緊要關頭律師外務繁忙，無法迅速處理時，事態就麻煩了。

首先要讓律師知曉自己目前的糾紛談判狀況，而在可能發展爲情況危險的談判時，應儘早將其來龍去脈向律師報告。

我認識一位偏偏不這麼做的死硬派經營者。總而言之，他是不想浪費錢財。

因爲，只要請律師出面，總要付出相當的酬勞，畢竟律師並非義工。不過，雖然與律師「商量」之後聽其指示必須付出酬勞。可是，若不聽其指示只由我方單向地向其報告，原則上並不需要費用。

換言之，只告訴對方「若演變成事件時，請再出面幫忙」而已。事前向律師做這樣的表明，以律師的立場也會認爲「說不定又是一筆生意」，而會洗耳恭聽。

我並無意在此介紹如何巧妙使用律師的方法，對他們而言，當工作上門時，有事前的連絡，處理起來反較順手。所以，應該讓律師知曉談判的始末。

有位經營者就因爲疏忽這種事前的溝通，結果當問題委任給律師處理時，所採取的因應措施已緩不濟急，實際的談判也陷入膠著。一旦行動有所延誤，整個事情的發展可能都會受到影響。

有人說「平常應和醫師、律師套好交情」。這句話說得一點也不錯。正如擁有家庭醫生一樣，若能有一位碰到狀況時可以商量的律師，彷彿打了一針強心劑般，處事覺得牢靠多了。

向律師做報告時可用電話。以筆者爲例，我多半先用電話告訴律師事情的要點，然後再用書面詳細記載內容郵寄給律師。事前有這些連絡時，一旦正式向對方要求處理糾紛時，對方即能迅速地採取行動。

糾紛談判不能墨守成規

有許多因糾紛談判處理不當，而使企業（或團體）瀕臨垂危的窘境，其中尤以服務業及攸關人命的醫療業界爲多。

譬如，一名患者向醫院申訴說：「吃了醫院所開的藥一點也沒效。我擔心是不是拿了和處方箋不同的藥品，請你們調查一下。」

在這個時候若能給予確實地調查，並做確認便無任何問題。但是，碰巧負責其事的人繁忙或正鬧彆扭，於是順口回應對方：「沒問題啊，我們醫院絕不會有這種過失」，萬一交給患者的藥品眞的出錯時，事情可就麻煩了。

以前所謂的醫療訴訟，除了「交給患者的藥出錯」之類單純的過失之外，多半是醫療機構方面獲得勝訴。因爲，法院無法輕易掌握醫生、醫院方面的過失以及因此而造成的「結果」——極端的例子是患者因而死亡——換言之，其間的因果關係難以追究。

但是，最近這種情況已經轉變，在醫療訴訟中原告者（患者）獲得勝訴的例子極多。而這些例子中尤爲顯著的是，只要在應對處理上沒有疏忽，即可防範問題於未然，或可把問題縮小避免擴大的例子。

任何業界都應注重職員的應對訓練。尤其服務業界，訓練職員的待客之道更爲重要。在咖啡店或餐廳經常可見服務生，以用「扔」的動作把茶水送給客人的景況，甚至連一流的飯店也發生過這種事情，委實令人嘆息。用力地把玻璃杯擺在桌上，杯面的水自然濺出來。如果杯中的水濺到客人高貴的服裝、重要的文件時該怎麼辦？這種糾紛屢見不鮮。

基本上之所以會有這種禮儀不佳的服務生，乃是該咖啡廳、餐廳對服務員的待客訓練不過完善的緣故。

所謂服務，本來就是一種情緒的交往。在此我特別想要強調的是，現在有某些服務業者根本忘了這些事情。

而索賠問題之所以變成糾紛事件也是情緒——應對態度的問題。相反地，也可以隨著情緒的轉變，而使一場糾紛化解於無形。

如前所述，當事情發展爲糾紛時，在談判過程中造成不快的多半並非問題的「原因」，而是「由該原因所延伸的問題」。總而言之，所謂糾紛談判是活的。

希望各位不要忘記有許多找碴者，專門找芝麻蒜皮小事做爲攻擊的導火線。譬如「我明白了，這個事情我已非常清楚。但是，你們公司職員的態度像什麼話，到底有沒有做職前訓練啊！」

聲譽墜地的服務業

筆者在日本曾經在車站附近的一家餐廳碰到這樣的經驗。

我爲了消磨等候火車的時間，叫了一杯咖啡，火車在四十分鐘後才出發。因此，在訂購時我央求對方「請早一點送過來」。但是，經過了十分、二十分後，仍然不見咖啡的影子。心浮氣躁的我告訴服務生說：「快趕不上火車了，請快一點送咖啡過來好嗎？」

結果他卻帶著極爲不耐的語氣說：「能不能等一下啊！」

於是我又等了五分鐘，但是，咖啡仍然沒有送過來，不得已我往櫃台方向走去，那位服務生卻追過來並盯著我說：「咖啡來了。請把送來的咖啡喝完再走。」

「啊，對不起，已經沒有時間了。不過錢我會照付。」我這麼說時，他早已掉頭離去。

我終於忍不住地發了火，因此，從他手上拿了賬單後，在賬單背面的「對本店的感想」的塡寫欄裡寫著「諸如以上的事情……這未免太失禮了？希望今後能留意職員教育」把這張賬單和沒有喝過的咖啡費用一起拿給櫃台。賬單上我也寫上自己的姓名。

我知道這家餐廳對於這類的申訴會呈報給董事長，因爲，私底下我和這家餐廳的董事長交往甚密，正因爲如此我才選擇這家商店。

那位董事長也認得我的筆跡。所以，我本想即使不寫住址，光看姓名應該也會察覺是我的申訴。然而，事與願違，其後曾經數次和那位董事長見面，對方卻對該事沒有什麼表示。雖然當場的確令人感到不快，不過，那純屬稍縱即逝的問題。因此，即使董事長不知道這件事情，我本身也沒什麼問題。但是，我想下意無法上達，在公司的體制上並不太好，因此在大約半年後把這件事情告訴董事長。董事長當時對於公司體制的機能不全，頗有震驚的樣子。

據說聽了我的指責後再經過調查，有關我的申訴個例該店並沒有任何向上級提出的報告。據董事長所言，有些店長爲了明哲保身會私下抹滅不詳的事情。

不久，我再度來到那家發生不快事情的商店，當時店長早已換人了，也許那家店還有其他的各種糾紛事件吧！

形式上的待客訓練已經落伍

今後所必要的待客訓練是以眞心接待客人的訓練法。若沒有感情而只是形式上的待客訓練，已經不符合時代的需求，甚至會阻礙企業的發展。

以筆者點叫咖啡的那家餐廳而言，店員（並非整體而是個人）的態度的確太差。不過，一般的餐廳似乎在待客方面都比較「禮儀手册」上的基準。但是，很可惜的是，由於完全依照禮儀手册，所提供的服務顯得過於機械化，使人無法從中感到「眞心」。

現代的年輕人似乎都很討厭所謂的教養，或由上級教導眞正的待客之道。甚至有不少的經營者認爲如此的規定，反而會造成作業員的流動性變大。但是，我卻認爲這是極爲錯誤的觀念。

事實上，在這方面不向職員耳提面授的公司，其作業員的流動性更大。

除了個人性格有所影響之外，一般人在制度良好的場所從事正規的工作時，會抱有一種榮譽感。相反地，做起事來拖拖拉拉，不論做什麼事也不會遭受指責的公司，剛開始也許因爲無拘無束令人感覺不錯，然而慢慢地會對職場所瀰漫的懶散氣氛感到厭惡。

「沒有人會來指責」做什麼事都行，有著這種氣氛的公司無法激起職員的榮譽感，職員因而離去的機率將大爲提高。

職員應該給予訓練並教育。經營者必須理解有時爲了培養職員服務的精神，即使給予痛責也在所不惜，這樣才有助於作業員的穩定性。而這一點以本書的旨趣而言，有助於索賠及糾紛的處理。

很奇怪的是最近的企業具有重視作業員而疏忽客人的傾向。我常抱著一個疑問，何以經營者不和作業員上下一體，製造一個令顧客感到舒適的工作環境呢？

提供眞心的服務，獲得相對的酬勞乃是服務業成敗的關鍵。應該藉由教育啓發、養成這樣的意識。

我想有許多讀者閱讀到此，應該會發覺所謂的糾紛談判，其實乃是「個人情緒的掌握問題」，把糾紛擺平乃是個人的心態掌握的問題，而防範糾紛於未然，也可以說是否能抱著眞心與他人應對的問題。

除了對方是故意找碴者以外，若是一般人，以「眞誠」對待必定能使雙方的心靈獲得溝通。若不以眞誠處理所有的糾紛或索賠問題，對企業而言只會產生負面的效果。

適合處理糾紛談判者的適性

・天生極端陰沉的人。
・無法抑制自己隨即與他人動干戈的人。
・凡事往壞處想、行動的人。
・個性膽怯的人。
・極爲口不遮攔的人。
・令人覺得非常傲慢的人。
・惟法則或規則是遵的人。

以上是不適合擔任談判的人。反過來說，若沒有上述情形都具有成爲談判高手的素質。

嚴格地說，世上並沒有糾紛談判的專家。因爲，幾乎所有的人只要因情緒的轉變，都可成爲糾紛談判的專家，你也辦得到。任何人都辦得到的事就沒有專家。

但是，一般人往往認爲自己並不適合處理糾紛的談判。其實追根究底乃是具有認爲糾紛談判令人「討厭」、「害怕」而想「迴避」的心理。

幾乎没有人有自信自己適合處理糾紛談判。以筆者而言，我也從來不認爲我是「適任者」。如前述，既然糾紛的談判是任何人都可辦到的事，根本没有「適不適合」的概念。認爲自己不擅長糾紛談判的人，實際上這只是個人的想法而已，並不構成不適合者的條件。

我倒認爲，自己不適合從事糾紛談判的人，才應該累積糾紛談判的經驗。擅長與不擅長者之間的差距僅是經驗的有無罷了。

也許有人不表贊同，認爲讓毫無經驗者站在糾紛談判的舞台，簡直是肉包子打狗。當然，最低限度的訓練則是利用本書最後項目所提的辯論方式來練習。不過，即使訓練並不充分，也不需擔心。

這和開車的情況是一樣的。初學者也許會發生小事故，但是，卻鮮少發生大車禍。因爲，時時留意保持安全的駕駛距離。

在這一方面，反而是糾紛談判有經驗的人，越容易犯下致命性的失敗。習慣是一種可怕的習性，從另一個角度而言，帶有被設下陷阱的危險性。同時，把糾紛談判當做工作的一環，而怠慢處之也是造成問題的地方。

糾紛談判與辯論

糾紛談判的能力可藉由辯論培養。更廣義地說，有關談判的能力都可能利用辯論的方式做磨練。

辯論的歷史極爲久遠，可追溯到紀元前三千年，這對西臘哲學具有重大的影響。而在近世的歐美也廣泛地流行。

所謂辯論是指「針對某一既定的議題，彼此對抗的兩組，在一定的規則下所進行的一定討論或議論」。

從某個角度而言，辯論和演講是對立的。演講是單向的演說，而辯論是雙向溝通。簡單地說，是根據一個主題彼此妳來我往地發表意見、議論，是和球類運動非常類似的遊戲。

利用辯論可培養的事情極多，譬如，客觀的分析力、理論性的思考力、情報的整理能力、發表能力、傾聽力……。而這些只不過是從辯論中所獲得能力的一小部分而已。若以糾紛談判的場合而言，筆者各人給予最高評價的是分析、整理力及傾聽力、發表能力——可以堂而皇之地主張自已意見的能力。這些可以說是糾紛談判中不可或缺的能力。

在糾紛談判時，當然必須掌握爭論的焦點。不過，有時也應該故意把話題的焦點岔開。當對方極爲憤怒時，若在主題上窮追不捨會觸怒對方的感情。同時，當找碴者提出無理的要求時，也可利用顧左言右的技巧迴避其要求。不過，這時必須掌握話題的焦點，辯論所培養的分析、整理力及傾聽力即可派上用場。

不論對方是何方的兇神惡煞，應該具備能坦率地向對方表白自己的主張，若是「ＮＯ」即明確地告訴對方「ＮＯ」。而這一點也可利用辯論做磨練。

最近有越來越多的企業在職員研修時採取辯論的方式。這乃是危機管理的概念已經漸漸滲入各公司行號的證據，是非常可喜的。

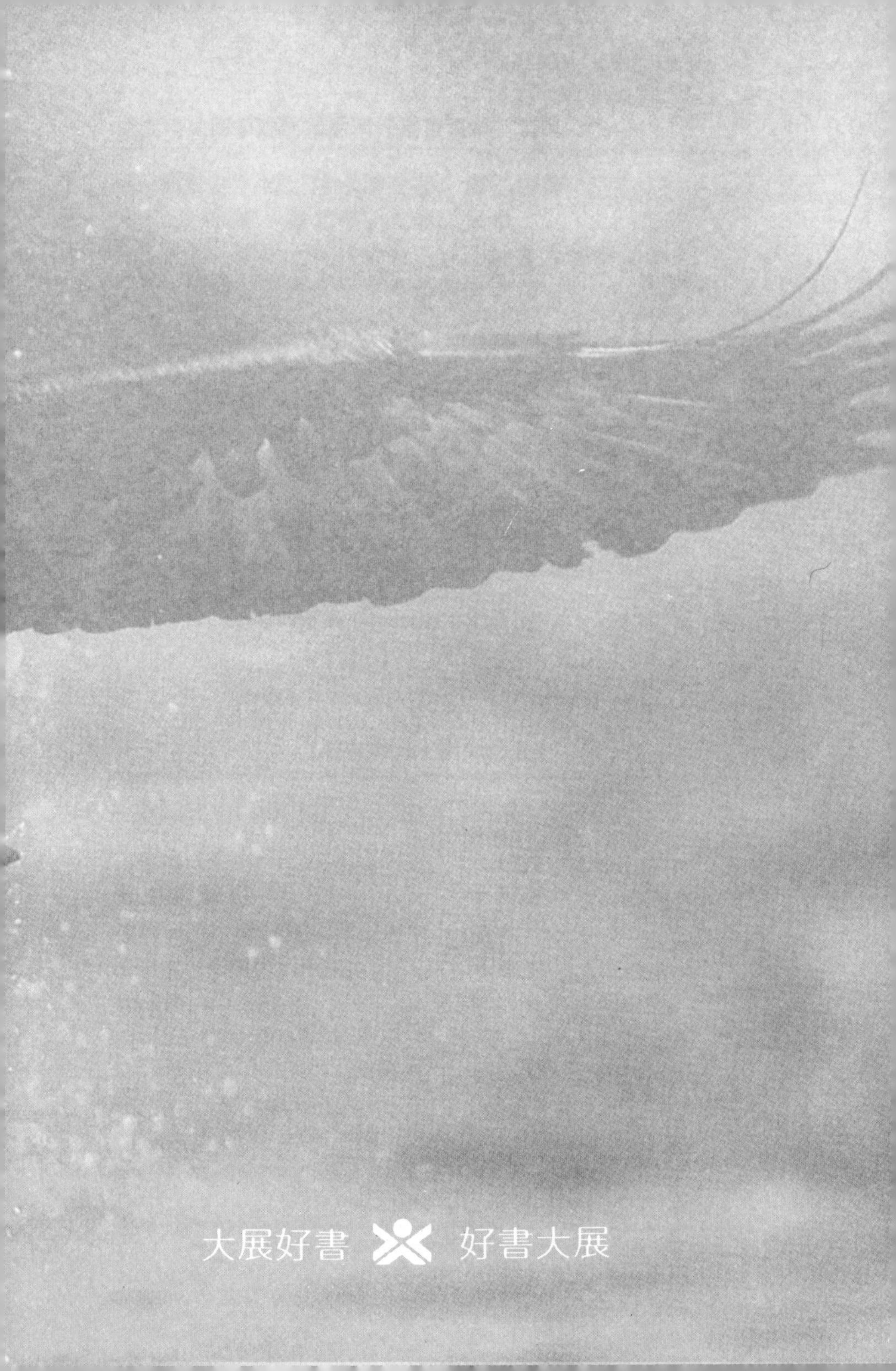